人才培养与专业建设篇

教学模式改革与创新篇

课程教学改革与创新篇

实践教学改革与创新篇

【管理学学术前沿书系】

酒店管理专业教学改革论文集

田彩云　裴正兵 等◎著

经济日报出版社

图书在版编目（CIP）数据

酒店管理专业教学改革论文集 / 田彩云等著. — 北京：经济日报出版社，2016.2

ISBN 978 - 7 - 80257 - 926 - 2

Ⅰ. ①酒… Ⅱ. ①田… Ⅲ. ①饭店 - 商业企业管理 - 教学研究 - 高等学校 Ⅳ. ①F719.2 - 4

中国版本图书馆 CIP 数据核字（2016）第 033575 号

酒店管理专业教学改革论文集

作　　者	田彩云　裴正兵等
责任编辑	晏杰然
责任校对	李艳春
出版发行	经济日报出版社
地　　址	北京市西城区右安门内大街 65 号（邮政编码：100054）
电　　话	010 - 63567679（编辑部）　63516959（邮购部） 010 - 83559665　63559665　63588445（发行部）
网　　址	www.edpbook.com.cn
E - mail	edpbook@126.com
经　　销	全国新华书店　各大网店
印　　刷	北京京华虎彩印刷有限公司
开　　本	710 × 1000 毫米　1/16
印　　张	10
字　　数	200 千字
版　　次	2016 年 2 月第 1 版
印　　次	2016 年 2 月第 1 次印刷
书　　号	ISBN 978 - 7 - 80257 - 926 - 2
定　　价	45.00 元

前　言

经过改革开放30多年来的发展，我国酒店业由小到大，由弱变强，经历了翻天覆地的变化。中国旅游业的蓬勃发展和人们的多样化需求，使酒店行业规模不断增长，设施水平、服务质量等都迅速提高。近年来，由于受到国内外经济环境变化的影响，酒店业的经营效益出现一定的滑坡，“走集约型发展之路”逐步成为酒店业的共识，要求酒店业从单纯追求总量扩张、注重外延型发展向追求质量效益、强化内涵型发展转变。酒店业态拓展和品牌创设也将成为关注焦点，酒店产业亟需借机加快转型与创新，谋求更大发展，实现向世界酒店强国的跨越。

伴随着酒店业快速发展和质量提升的良好形势，人才供不应求一直是困扰酒店业的难题。国内酒店管理专业教育和人才培养无论从教育规模还是质量上都相对欠缺。酒店管理专业人才培养模式，课程体系及设置、教学方式和实践教学等亟需创新和发展。

北京联合大学旅游学院（以下简称“学院”）创建于1978年，是我国最早建立的专门培养旅游类专业本科人才的高等院校。学院酒店管理系始建于1980年，是中国较早筹办酒店管理教育的院校。学院酒店管理本科专业成立于2008年，经过7年的建设，已经成为国内同类专业中知名的专业。2015年，在由中国科学评价研究中心、中国科教评价网和中国教育质量评价中心共同完成的2015～2016年度中国酒店管理专业大学竞争力排行榜中，学院酒店管理专业名列第3。

近年来，学院酒店管理本科专业围绕“应培养什么样的人”和“怎样培养人”这两个永恒的话题，积极探索和实践，逐步提炼出了符合专业发展的，具有鲜明特色的“一体两翼三平台”的人才培养模式。“一体”就是酒店管理本科专业的人才培养目标，即本专业面向酒店业发展需求，培养具有宽广知识、职业素养、国际视野和创新精神，具备酒店运营管理专业知识，能在酒店及相关现代服务业从事酒店管理、服务管理等工作的高素质复合应用型人才。“两翼”是指两个基本能力，即“以知识为基础的专业能力”和“以职业需求为依据的职业能力”。“三平台”是指为实现人才培养目标，培养两个基本能力而搭建的三个支撑点，即“综合素质培养平台”、“专业素质培养平台”、“交流合作提升平台”，是实现“一体两翼”的具体途径。

从操作层面来讲，目前已形成了以“产学合作、学做交替”为教学模式，以基于场景的“模块化”教学为特征的课程体系和教学方法，以“校企双授课、双指导、双评估”为教学手段，具有国际化视野的、校企深度融合的、基于学生职业核心能力培养的新型理实一体化的人才培养体系。学院与知名高星级酒店管理集团紧密合作，与万豪、香格里拉、洲际等国际高端酒店保持着良好的合作伙伴关系。洲际和万豪分别获批北京市级和校级校外人才培养基地。学生的教学实践及毕业实习均在这些国际品牌酒店进行。

酒店管理系配备有酒店管理信息系统，3D 虚拟酒店实践系统，酒店前沿案例实验室，酒店运营管理系统等实践环境，为学生提供真实情景下的智能化的酒店服务管理及技能学习平台、练习平台和考核平台。目前学院的酒店管理实践教学基地正在建设中，建成后，可以在完全真实的信息化智慧酒店实训室中完成教学工作，通过真实情景的演练，让学生在感知和实践中学习。

学院与澳大利亚格丽菲斯大学、台湾高雄餐旅大学签订合作协议，在专业教师、学生交换等方面紧密合作。为学生本科后两年海外学习、硕士研究生学习拓宽渠道。学院与美国、加拿大、爱尔兰、法国等大学签有短期交换生及海外实习计划，为优秀学生创造海外交流机会；学院与洛桑酒店管理旅游学院、香港理工大学酒店管理旅游学院、美国中佛罗里达大学酒店管理旅游学院、美国普度大学等也保持良好合作关系。学生的国外短期交流项目、游学项目已经开展。与国外知名高校推进 2 +2 合作、学生在国外知名品牌酒店的实习实践也在持续推进。

学院尽管在酒店管理专业人才培养方面取得了一些成绩，但我们也清醒地认识到，如何立足和面向行业，培养满足酒店行业需求的人才还有待调整和提升，特别是目前过多强调理论体系的整体性和系统抽象的学科知识，学习内容重理论、轻实践的倾向急需改变。为了促进酒店管理专业教育的发展，探讨酒店管理应用型专业人才的培养创新，营造更加浓厚的教研氛围，鼓励更多老师积极、深入地开展酒店管理教育教学研究，我们面向学院教师征集教研成果，以总结提炼专业教育改革与创新的实践经验，与行业专家和老师们分享。

论文收集了以学院酒店管理专业教师为主体的20篇教研论文，根据论文内容的相关程度，划分为“人才培养与专业建设篇”“教学模式改革与创新篇”“课程教学改革与创新篇”和“实践教学改革与创新篇”。

本着“来源教学实践，促进专业建设，提高培养质量”的宗旨与目的，教师们从自身一线教育教学的实践出发，在紧张纷繁的工作之余，笔耕不辍，结合各自的专业背景、课程特点，依据教育学、心理学和行为学理论，从不同视角、不同层面，对酒店管理专业教学改革进行有益而深入的探索和研究。收录的论文是专业教师对自身教育教学进行思考和研究，总结和反思的成果，是他们教育教学智慧的结晶。

当然，限于教育理论知识的不足，受思想观念、思维习惯的限制，论文集中难免有不同观点的碰撞和展现，文章中也会有疏漏甚或是片面和错误之处。在此，我们本着文责作者自负的原则，与旅游酒店院校的同行们进行分享。同时，真诚希望读者能够批评指正，不吝赐教。

田彩云　裴正兵

2015年12月

目　录

人才培养与专业建设篇

教学模式改革与创新篇

课程教学改革与创新篇

实践教学改革与创新篇

人才培养与专业建设篇

酒店管理本科专业人才培养模式的创新与实践[①]

——以北京联合大学旅游学院为例

田彩云[②]　黄建伟[③]

【摘　要】 构建适合酒店业发展需要的人才培养模式，对于培养高素质的酒店管理人才具有重要的意义。北京联合大学旅游学院酒店管理专业不断探索，摸索出一种适合专业学生培养的“一体两翼三平台”的人才培养模式。本文以该旅游学院酒店管理专业人才培养模式的实践为例，阐述了“一体两翼三平台”的人才培养模式的基本内涵及实施举措，以期为探讨适应市场需求的科学的酒店管理人才培养模式创新思路。

【关键词】 酒店管理；人才培养模式；一体两翼三平台

随着中国经济特别是旅游业的快速发展，国内外交往流动日益频繁，中国酒店业发展越来越快。伴随着国内酒店的扩张以及全球知名品牌酒店集团在国内加大投资和加盟，专业人才供不应求一直是困扰酒店业的难题[1]。特别是由于旅游及相关院校酒店管理专业人才培养目标定位，课程体系及教学方式等不合理，培养出的学生专业能力和职业能力不强，很难满足行业对专业人才的需求。因此，高校酒店管理专业人才培养模式的研究一直备受学校和酒店业界的广泛关注。

---

① 本文系北京联合大学2015年度校级教研项目：酒店管理本科专业“一体两翼三平台”人才培养模式的创新与实践（JJ2015Y030）和融入工作场景的PBL模块化教学方式研究（JJ2015Y075）的部分研究成果。

② 田彩云，北京联合大学旅游学院酒店管理系主任，酒店管理专业负责人，博士，副教授。

③ 黄建伟，北京联合大学旅游学院，硕士，助理研究员。

目前，大多数高校的酒店管理专业人才培养仍困于传统培养模式，即以学历教育为本位的理论化教育模式。理论性知识偏多，实践性知识偏少；基础性知识偏多，应用性知识偏少。教学内容与行业实际脱节现象严重，与用人单位的要求存在一定的差距，导致现在许多酒店出现宁可要低学历的员工，而不要本科生的现象[2]。鉴于此，国内高校积极探索与创新，坚持以培养学生能力为核心，提高人才培养质量，逐步形成了自己的教育特色。本文以北京联合大学旅游旅游学院（以下简称“旅游学院”）酒店管理本科专业为例，探索适合我国高校酒店管理本科专业发展特点和行业需求的人才培养模式。

一、旅游学院酒店管理本科专业基本情况

旅游学院创建于1978年，是我国最早建立的专门培养旅游管理高级人才的旅游学院。旅游学院酒店管理系始建于1980年，是中国较早筹办酒店管理教育的院校。旅游学院酒店管理本科专业成立于2008年，经过近7年的建设，已经成为国内同类专业中知名的专业。2014年，在由中国科学评价研究中心、中国科教评价网和中国教育质量评价中心共同完成的2014～2015年度中国酒店管理专业大学竞争力排行榜中，我院酒店管理专业名列第二[3]。近年来，旅游学院围绕酒店管理本科专业“应培养什么样的人”和“怎样培养人”这两个永恒的话题，积极探索和实践，逐步提炼出了符合专业发展的，具有鲜明特色的“一体两翼三平台”的人才培养模式。目前旅游学院培养的酒店管理毕业生保持着较高的就业率，学生的专业及职业能力和素养在业界享有很好的声誉。

二、“一体两翼三平台”的人才培养模式的基本内涵及分析

“一体两翼三平台”的人才培养模式的基本内涵是：“一体”就是酒店管理本科专业的人才培养目标，即本专业面向酒店业发展需求，培养具有宽广知识、职业素养、国际视野和创新精神，具备酒店运营管理专业知识，能在酒店及相关现代服务业从事酒店管理、服务管理等工作的高素质复合应用型人才。“两翼”是指两个基本能力，即“以知识为基础的专业能力”和“以职业需求为依据的职业能力”。“三平台”是指为实现人才培养目标，培养两个基本能力而搭建的三个支撑点，即“综合素质培养平台”“专业素质培养平台”“交流合作提升平台”，是实现“一体两翼”的具体途径。具体见图1。

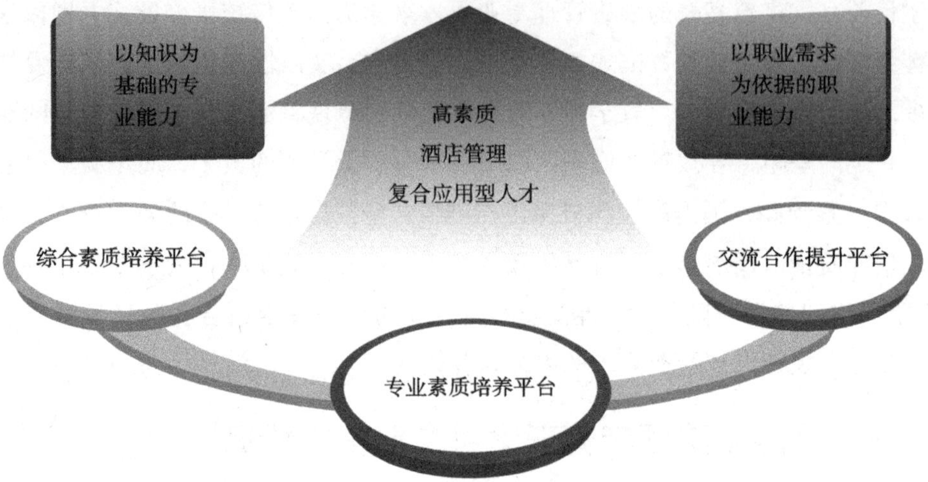

图1　“一体两翼三平台”的人才培养模式

(一)“一体”是基于学情及酒店行业对人才需求的分析

旅游学院酒店管理本科专业将人才培养目标定位为能够在酒店及相关现代服务业从事酒店管理、服务管理工作的高素质中高层管理人才，是基于学情和行业发展对人才的需求特点而确定的。

从学情方面分析，旅游学院酒店管理专业本科学生以北京生源为主，外地学生较少。他们在知识结构和视野方面存在着差异，外地生源学生基础知识扎实，学习积极性和进取心强，但在兴趣特长和视野方面，北京学生则更胜一筹。从毕业去向看，学生“少数出国和读研深造、大部分行业就业，少部分跨行业就业”。总体来看，多数学生愿意通过学习知识，动手实践，提高能力，成为胜任酒店管理相关工作的人才。

从行业对人才的需求分析，酒店业近年来一直持续出现“用人荒”，人才匮乏已经成为制约酒店业发展的瓶颈。根据调研发现，酒店业不仅需要大量的高素质的一线员工，而且特别需要懂市场、会经营、能管理的中高级管理人才。长期以来，国内的酒店管理职业教育培养的多是基层服务人员，管理人员的培养，无论从教育规模还是质量上都相对欠缺。行业需求的这些中高层管理人员需要有较高的管理理论素养和扎实的酒店管理专业知识，较强的酒店运营管理能力，熟悉酒店业经营管理方法和手段，具有人文素养、国际视野、领导艺术、创新创业精神和社会责任感，具有酒店管理的组织和沟通能力、较好的国际交流能力和适应行业发展的自我学习能力。

（二）“两翼”是基于行业特点对学生必备能力的分析

随着酒店行业的蓬勃发展，专业人才晋升空间迅速放大，很多本科学生工作一年后成为基层管理者，3－5 年后成为中层管理者，部分学生成为高层管理者。旅游学院酒店管理本科专业的人才培养目标是酒店管理的中高层管理者。这与高职类学生相比较，他们不仅要掌握酒店运营管理的基本技能和专业核心应用能力，还需掌握从事酒店管理及相关工作所需的自然科学知识、经济管理基本理论及酒店运营管理的基本理论和知识；熟悉我国关于旅游及酒店业发展的职业和行业方针、政策和法律法规；了解国内外酒店业和现代服务业的发展趋势。还需掌握科学的学习和思维方法，具有运用酒店管理专业理论分析和解决问题的基本能力；掌握现代酒店各经营与管理岗位的基本技能，并能解决服务中面临的问题。这些专业能力和素养是学生胜任工作岗位的基础能力和条件。

酒店业是人与人高接触的服务行业。在工作中，员工的人际交往沟通能力、观察应变能力、语言表达能力、心里承受能力、团队合作能力、信息搜集分析能力等关键能力决定了服务的顺利性，是服务高效高质的关键，这也是学生除岗位必备专业能力之外的基本能力，我们称之为职业能力。我们将酒店管理本科专业的学生应具备的职业能力分为三个方面：职业社会、职业思维和职业沟通能力。主要包括对酒店岗位工作任务的理解与分析能力、专业岗位操作能力、语言表达能力、判断能力、计算机操作能力、自我调控能力、沟通协调能力、社会适应能力、知识转换能力、竞争能力、团队能力、创新能力、企业忠诚能力及社会责任能力等[4]。它是学生在职业生涯中可迁移、可携带，能适应岗位不断变换并且伴随终身的可持续发展能力。

（三）“三平台”是基于学生能力实现要求及途径的分析

据不完全统计，目前我国高校酒店管理专业人才的培养近 90% 的时间在校内完成，学习内容重理论，轻实践，造成学校的专业教育教学与行业实际需求相脱节。尽管目前部分高校开始注重实践教学，但大多学校缺乏全真模拟的实践场地，专业教师缺乏行业实践经历，行业又不愿意接受学生短期实践，因此造成理论和实践背离。理实隔离严重地影响了学生酒店管理专业知识、能力的学习和培养，同时也极大地降低了学生创新的积极性。因此，高校酒店管理教育最需要的是从大学教育延伸到产业、行业的实战型教育。近几年，伴随着酒店行业的快速发展，已进入到迫切需要解决产业与人才的协调发展问题，需要搭建一个集人才培养、合作、交流与研究于一体的酒店人才资源整合平台，需要积极探索人才培养由校园向旅游产业延伸的新模式，依托已有产业优势、政策优势等资源，发挥交流、辐射作用，为酒店人才的成长提供强有力服务。三个平台的搭建实现理实一体化教育的有力支撑，三个平台相辅相成，联动作用，实现学生“两翼”能力的培养。

三、“一体两翼三平台”人才培养模式的主要实践

（一）课程体系及支撑

课程体系按照通识教育、工商管理学科大类教育、专业教育、实践教学及素质拓展教育五类课程框架进行搭建。通识、学科和专业课程依照学生的认知学习模式，循序渐进，逐步提高。课程设置模块化，既注重学生知识、能力和素质的培养，又注意增强其实践环节，逐步提高其利用知识指导实践的能力。从而使学生既具有坚实的基础知识和专业拓展知识，又具有继续深造的基础及可持续发展能力。课程设置立足于专业培养目标、满足人才培养基本要求。

1．实现“两翼”能力培养的课程支撑

课程设置是以培养学生的“两翼”能力为本位，注重学生以职业需求为依据的职业能力和以知识为基础的专业能力的培养。职业能力主要指培养学生的服务素养、沟通和合作能力等，专业能力主要是培养学生运营管理酒店的能力。培养“两翼”能力的课程支撑如下：职业能力的培养主要通过中外名著100篇选读、服务礼仪、素质技艺拓展和跨文化交流与沟通等课程的学习完成。专业能力的培养以专业必修课的模块化课程为基础，按照酒店管理者应该掌握的核心能力为主线，融理论思维训练与实践操作为一体，既突出学生职业能力的培养，又增强学生的岗位适应能力。具体见图2。

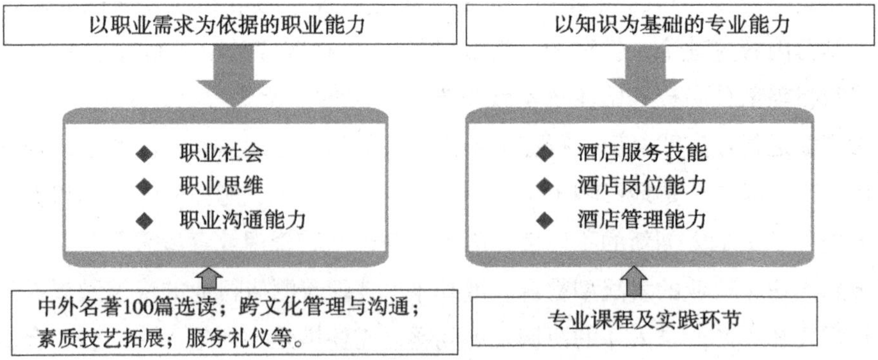

图2　“两翼”能力培养的课程支撑

2. 搭建“三平台”的支撑点

在通识教育、学科大类教育等五类课程框架的基础上，课程体系又按照“综合素质培养”和“专业素质培养”两大平台进行构建。学生修154个学分即可毕业。图3给出了两大平台支撑的课程体系。“交流合作提升”平台是“综合素质培养”和“专业素质培养”的有力补充和实现途径。

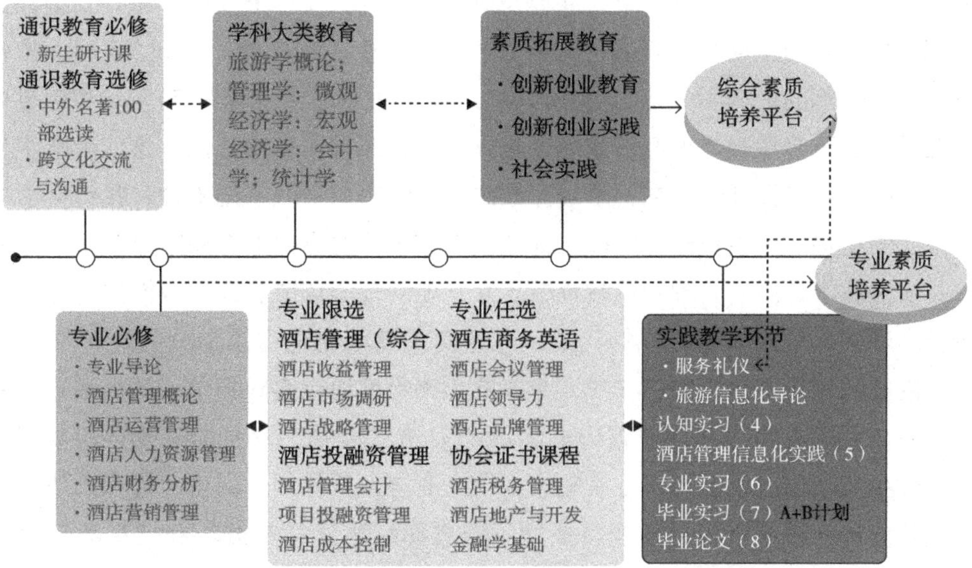

图3 “综合素质培养”和“专业素质培养”的课程支撑体系

(1)“综合素质培养平台”的课程支撑

“综合素质培养”支撑课程主要包括通识教育、学科大类教育和素质拓展教育。通识教育课程除包括了教育部工商管理学科规定的数学、英语、计算机等基础课程外，大一开设“新生研讨课”，并开设“跨文化交流与沟通”等课程。学科大类教育课程结合酒店管理学生发展需求，选取了工商管理学科的6门核心课程。素质拓展教育着重对学生创新创业能力的培养。另外，入学后即开设《新生研讨课》，以灵活多样的教学组织形式，帮助学生树立专业思想、激发学习兴趣、转变学习方式。

(2)“专业素质培养平台”的课程支撑

“专业素质培养平台”包括专业教育和实践教学环节。着眼于未来行业对专业人才的市场需求特点，突出课程体系的内在逻辑性，精简教学内容，优化课程结构。

专业教育课程结构分为“专业必修课程”“专业限选课程”“专业任选课程”。“专业限选课程”和“专业任选课程”按不同培养方向设置。为强化专业性，“专业必修课程”在开设“专业导论”的基础上，开设5门必修的核心课程。考虑学生未来发展方向设计两个培养方向，分别是酒店管理（综合）方向和酒店投融资管理方向。学生从三年级开始，根据学生个人意愿和成绩要求实行分方向培养。学生可以根据个人兴趣和职业发展规划安排个人的学习计划，充分保证学生学习的主动性、延展性与有效性。“专业任选课程”开设25门，按每个学生应选修的最低学分计，“专业任选课程”占到了专业课的54%。学生也可以在学院旅游管理和会展经济管理专业方向任选课程中自由选课，给学生自主发展的空间。为了保证学生在两个培养方向具有坚实的专业基础支撑，我们会引导和鼓励学生选取一些任选课，以保证学生在其选择的方向上有深厚的专业基础。

实践教学是酒店管理专业教育中非常重要的教学环节。因此我们注重强化实践教学环节，增加实践教学的比重，专业实践教学比重占总学分的近22%。旅游学院精心构建了包括课程实践、专业核心课程模块化实践教学、社会调查、专业实习以及毕业实习等环节在内的实践能力培养体系。专业实践教学四年不断线，学生实践层次不同年级各有侧重，循序渐进，从认知、岗位、管理到毕业综合实践。同时根据学生升学或就业的不同选择，设计“A类”和“B类”两种毕业实习类型，保证学生有更多的时间为自己的选择做准备。另外，支持学生开展创新创业训练，系统开展社会实践活动。

（3）“交流合作提升平台”的实现途径

“交流合作提升平台”支撑点包括国际交流合作、行业协会合作、校企合作和以赛促学四个方面。具体见（图4）。第一，目前旅游学院与美国、加拿大、台湾、爱尔兰、法国、澳大利亚等大学签有短期交换生及海外实习计划，为优秀学生创造海外交流机会；旅游学院与洛桑酒店管理旅游学院、香港理工大学酒店管理旅游学院、美国中佛罗里达大学酒店管理旅游学院、美国普度大学等也保持良好合作关系。酒店管理系学生的国外短期交流项目、游学项目已经开展。与国外知名高校推进2+2合作、学生的实习实践争取在国外知名品牌酒店实习是我们的努力方向。第二，酒店管理系与行业协会保持密切的合作关系，实行专业任选课与美国饭店协会及中国饭店协会等机构的证书对接，学生经考核合格获得证书后，可获取同等于专业任选课的学分。第三，酒店管理系与洲际、香格里拉、喜达屋、万豪、四季等国际高端酒店管理集团保持着良好的合作伙伴关系。在学生职业发展过程中，我们除配备专业导师外，聘请酒店中高管做学生的业界导师、邀请业界专家进讲堂和实施学生课程的酒店现场教学，加强学生学习的专业性和应用性，指导学生行业成才。第四，我们积极组织学生参加各类课外活动和大赛，比如带领学生参加国家级行业技能竞赛、创业大赛以及“国家旅游日”、“旅游咨询服务”和“中网公开赛”等社会服务活动，提高学生利用知识分析解决问题的能力，社会服务效果良好。

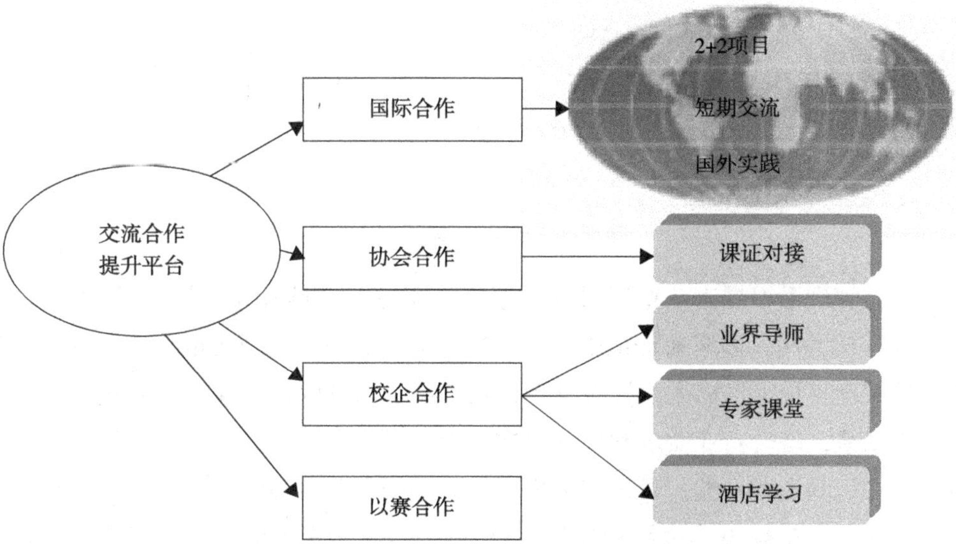

图4　交流合作提升平台的主要支撑点

（二）教学方式及创新

以“学习成果导向教育”（Outcome - based Education，简称 OBE）作为基本教育理念，以“教学模式一体化，课程结构职业化”为大方向，考虑学生职业发展的可持续性，我们不断探索，改革教学模式，形成了“基于场景的模块化教学法”（LBS）（Learning based on scenario）。具体见图5。

“基于场景的模块化教学法”酒店管理系对教学模式进行的大胆改革和创新。具体操作就是在确定酒店管理专业核心能力的基础上，确定专业核心能力对应的知识点，构建专业课程教学模块，每个课程模块承载一项岗位核心能力，形成模块化教学体系。教学过程中，教师和学生工作在场景中一体化设计。一是通过校企合作将学生带入真实的酒店工作环境中，二是利用学校实训室形成情景模拟，以实际职业活动或典型工作任务为教学载体，在场景中探索学习的内容、发现和解决问题，实现专业实践和能力的提升。最终解决专业和职业能力培养问题。

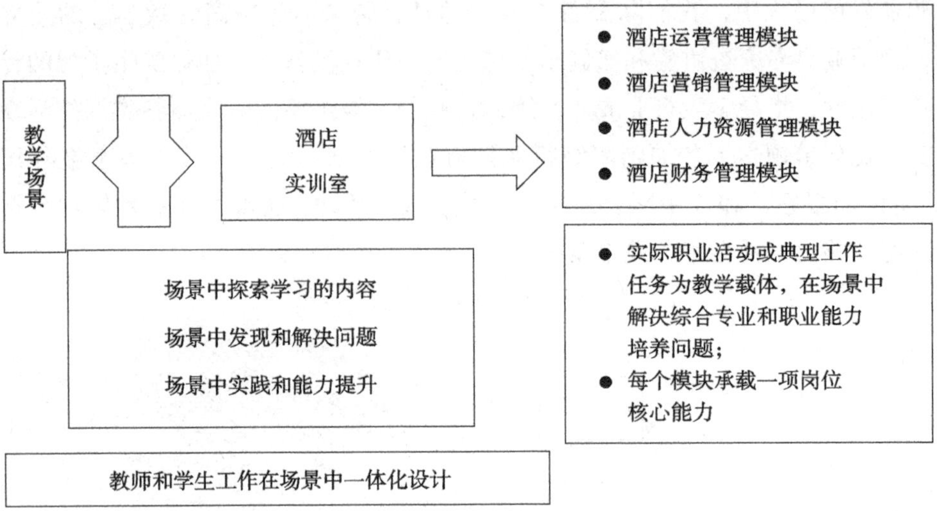

图5　基于场景的模块化教学法

酒店管理系根据人才培养目标，遵循“理论与实践相结合”、“课内与课外相结合”的原则，以职业情境中的核心能力为中心，形成酒店运营管理模块，酒店营销管理模块、酒店人力资源管理模块和酒店财务管理模块，在知识与任务之间建立联系，融合行业需求和职业标准，引导学生在完成工作任务过程中主动构建理论知识和实践技能。具体实施中，实现学校专业教师和业界专家老师场景中的共同授课，学生边学边问边实践，使学生能够与教师及业界专家真正实现互动，理论和实践真正能够有效结合，很好地培养学生的实践能力和自主学习能力。

（三）专业实训室建设及教学条件利用

实训室是学生理论和实践相结合的主要阵地，是学生动手能力和创新能力培养的关键。近年来，旅游学院非常重视酒店管理实训室建设。学院先后建设酒店信息管理系统、商业能力塑造和心理测试软件系统、标准化考试系统、3D 虚拟酒店实践系统、酒店前沿案例实验室、酒店运营管理系统等，教学中通过三维虚拟实践环境，为学生提供真实情景下的智能化的酒店服务管理及技能学习平台、练习平台和考核平台，收到了很好的效果。目前学院的酒店管理实训基地正在建设中，届时可以在完全真实的信息化智慧酒店实训室中完成教学工作，通过真实情景的演练，让学生在感知中进行仿真实践，使学生完成酒店前厅与客房管理、人力资源管理等实践环节，可以很好地提高实践教学水平，帮助学生学习专业知识，激发学生的学习兴趣，培养学生的职业意识。

（四）专业教学团队建设

专业教学团队建设是人才培养目标实现的关键与核心，是课程建设的基础与保障。为推进人才培养模式改革，必须构建课程模式下的专业教学团队，发挥教学团队作用，推进课程建设。

酒店管理系在课程团队建设中，主要实施了以下举措。一是每门模块课由两位专职教师和 1 位行业专家组成教学团队，1/4 的课程内容由行业专家和专业教师在酒店现场讲授。二是每门专业课程组成至少两位教师的课程团队。教师共同制定教学大纲，确定教学内容、教学方式和评价体系。三是每位教师至多开设两门课程。教师集中时间、精力对这两门课程的内容等进行研究，做好教学方法的改革，保证教学效果。四是鼓励各位老师根据学生培养目标、自己的研究方向开设 1 –2 门任选课，系、院两级教指委审查合格，试讲后选课人数达到 15 人以上即可开课。教师开设与自己研究方向一致的任选课，可以很好地将研究成果运用到教学中，以研促教，也有助于学生对传统知识的理解和扩充，拓宽学科领域的知识视野。

（五）师资队伍培养与建设

旅游学院也特别注重对师资队伍的培养和建设，积极推进教师职业生涯规划，鼓励和支持专业教师进行国内外访学和攻读学位。考虑到酒店管理专业教学的应用性需要，教师除了有很好的教育教学能力以外，还要求教师能够与企业、行业无缝接轨。因此，学院要求教师进行企业行业实践。洲际、万豪等校外人才培养基地的建立为教师行业实践提供了平台。一方面，教师可以在企业进行短期挂职、课程教学实验和参加企业组织的系列培训，另一方面，教师与基地企业高管和专业技术骨干共同进行课程开发、管理和技术的创新。酒店管理系根据校企合作的工作项目，组成专业实践小组。矩阵工作结构中的教师和企业人员分别拥有不同的专业背景、知识结构和优势，为了某个特定的项目而共同工作。加强了校企人员间的配合与交流，同时机动灵活，可随项目的开始与结束进行组织或给予解散。一个教师还可以同时参加几个项目小组，提高了专业教师的行业实践能力，很好地提高了实践教学专兼职师资队伍的素质。

四、结论

在我国酒店业蓬勃发展的今天，为了培养适应现代酒店业发展所需求的人才，各高校酒店管理专业不断探索既能满足市场需求，又能符合高校发展特点以及学生自身发展要求的人才培养模式。北京联合大学旅游旅游学院酒店管理专业创新实施“一体两翼三平台”的人才培养模式，以科学、客观的现代化教育教学观念，明确了培养高素质酒店管理复合应用型人才的目标，以素质教育为归宿，以能力培养为中心，通过搭建“三平台”，以课程体系做支撑，改革教学模式，充分利用各种教学条件，做好专业教学团队建设以及师资培养等工作，培养出适应时代发展的酒店业中高级管理人才。这种培养模式对于立足和面向行业的行业应用型专业具有很强的借鉴意义。

参考文献

[1] 丁小伟. 探析酒店管理专业人才流失的原因及对策 [J]. 价值工程，2013 (10)：143-144.

[2] 王苗. 从旅游高等教育角度探讨旅游饭店业大学生流失原因 [J]. 理论界，2009 (12)：214-215.

[3] 中国科教评价网，2014-04-16 16：05：01.

[4] 徐速. 高职院校酒店管理学生职业能力培养研究 [J]. 职业教育研究，2012 (11)：83-84.

Innovation and Practice on Undergraduate Education Mode of Hotel Management Major

——Taking Tourism College of Beijing Union University for Example

Tian Caiyun　Huang Jianwei

[Abstract] The Construction of talents education mode of hotel management for the hotel industry development needs is great significant to cultivate high - quality hotel management talents. Hotel Management Major in Tourism College of Beijing Union University explored an education mode named “One body Two Wings three platform” suitable for students professional development. In this paper, the basic meaning, the practice and measures of the education mode are described. The initiative ideas with a view to explore scientific education mode of Hotel Management Major to adapt to market demand can be referenced.

[Key words] Hotel management; Talents education mode; One body two wings three platforms

当代酒店管理者新思维与新理念及其培养探讨[①]

裴正兵[②]　田彩云[③]

【摘　要】 近年来，中国酒店业的发展进入新阶段。面对纷繁复杂多变的外部市场环境，酒店业新事物、新现象、新变化层出不穷。当代中国酒店管理者需要在继承发展、开拓创新基础上，形成适应于新时代、新市场和新环境的管理思维与管理理念，推动中国酒店企业的快速成长与发展。

【关键词】 酒店管理者素质；新思维；新理念

近年来，经济全球化的日益深入和中国经济的持续繁荣，推动中国国内外旅游市场的迅猛增长，进一步带动中国酒店业的快速发展，并且使中国酒店业的发展进入新阶段。一方面，国际知名的酒店集团纷纷进入中国酒店市场，并且逐渐站稳脚跟，开始规模化地渗透，市场竞争日趋激烈，甚至变得残酷。另一方面，随着中国民众的国际旅游和中国企业的国际化扩张，在竞争中成长起来的中国酒店企业也开始走出国门，开始国际市场开拓，进入陌生的市场与环境中生存发展。

同时，当前飞速发展的互联网、移动通信、人工智能等现代技术，给中国酒店企业既带来新的机遇，也带来新的挑战。另外，劳动力成本上升、独生子女成为就业主力军、公务消费政策变化等因素的出现，使中国酒店业的市场环境更加

---

① 本文系北京联合大学2015年教育教学研究与改革项目：融入工作场景的PBL模块化教学方式研究（JJ2015Y075）和酒店管理本科专业“一体两翼三平台”人才培养模式的创新与实践（JJ2015Y030）的阶段性成果。

② 裴正兵，北京联合大学旅游学院酒店管理系副主任，博士，副教授。

③ 田彩云，北京联合大学旅游学院酒店管理系主任，酒店管理专业负责人，博士，副教授。

复杂多变。面对纷繁复杂多变的外部市场环境，酒店业新事物、新现象、新变化层出不穷。当代中国酒店管理者需要在继承发展、开拓创新基础上，形成适应于新时代、新市场和新环境的管理思维与管理理念，推动中国酒店企业的快速成长与发展。

一、当代酒店管理具有的新思维

思维是人的大脑对客观事物概括的、间接的反应。感觉和知觉是当前的事物在人头脑中的直接的反映。记忆是人过去经历过的事物在头脑中的再现。在生活实践中，有许多单凭感觉、知觉和记忆解决不了的问题。人类实践要求人们在已有的知识和经验的基础上，通过间接的途径去认识事物内在的、深层次、规律性的东西，这就是人类的思维及其活动过程，这是人类认识活动的高级阶段。人类的思维十分活跃，思维方式也多种多样。不同的思维方式会形成对客观事物的不同认识，进而产生不同的态度和言行。正确的思维方式是正确认识客观事物的先决主观条件。

当代酒店管理者要培养和树立正确的思维方式，才可以科学地开展酒店管理工作。适应酒店业的飞速发展与变化，酒店管理者必须勇于打破传统的、旧有的思维方式，不断培养和树立新思维。当代酒店管理者应具有的新思维包括：

（一）求实思维

求实思维是指酒店管理者在从事管理工作时，要从实际出发，无论解决任何问题，都要尽可能深入全面地探求问题形成的背景、历史和现状，使自己的认识尽可能符合实际。求实思维要求酒店管理者在管理工作中真正做到“不唯上，不唯书，只唯实”。通过充分的调查研究，全面了解酒店及其管理的历史与现状，掌握足够全面的信息，了解当今世界酒店业的发展态势，形成对符合酒店业客观实际的正确认识，为采取恰当的管理活动奠定坚实的基础，从而推动酒店企业未来的成长。

（二）辩证思维

辩证思维是指用对立统一、普遍联系和永恒发展的观点来看待一切事物。辩证统思维包括三个方面：

一是对立统一，即万事万物既相互对立、相对斗争，又相互统一、相互依存，普遍具有两面性，看待事物时既要“一分为二”，又要“合二为一”。“一分为二”指在看待事既要注意积极方面，又要关注消极方面，不要走片面、极端、偏听和偏信。酒店管理者既要在光明时刻看到黑暗，又要在黑暗中看到光明，既看到全球酒店市场竞争的残酷，又看到市场的发展机遇。“合二为一”是指酒店管理者在形成对事物的主要认识时，要看到事物的主要方面，形成鲜明的态度与立场，为正确的决策奠定基础，切不应“模棱两可，立场不明、是非不辨”，使酒店管理决策摇摆不定，错失好机会。

二是普遍联系，即万事万物都不是孤立、单体式存在，而是具有相互连结、相互依赖、相互影响、相互作用、相互转化等普遍的关联关系。酒店管理者在看到事物和现象时，要关注事物的普遍联系性，特别是处理“牵一发而动全身”的复杂事物和问题时，要充分考虑事物间的普遍联系关系，避免遗漏掉重要的联系关系，避免片面化的决策与失误。

三是永恒发展，即万事万物始终处于发展变化之中，不要用僵化、静止的思维看事物、想问题，要用发展的眼光看事物、想问题。最常见的发展表现为事物不仅具有两面性，而且在一定条件下，还可以相互转化，即成语所语的“极盛而衰，否极泰来”，“塞翁失马，焉知非福”。酒店管理者应始终保护清醒认识，既能够面对困难以乐观的精神推动酒店走出困境，又能够面对顺利以谨慎的态度保证酒店的生存与成长。

（三）求同思维

求同思维是指解决各类纠纷、矛盾时，不仅要看到矛盾双方相互间存在的对立、差异因素，更为看到矛盾双方相互间的统一、共同的因素，即做到“异中求同”，找到矛盾者双方都能接受的共同点，这样更有利于问题的解决。酒店管理者解决顾客与酒店纠纷、内部员工间的纠纷时，与供应商、竞争对手关系时，应在“求同思维”的指导下，找到双方的利益共同点和矛盾统一点，提出双方都接受的方案，在互利的基础上解决管理问题和推动酒店的成长。

（四）求异思维

求异思维，是指观察事物和解决问题时，能够在差异性、不一致上做文章，形成有别于常规的新思路、新办法，即实现“同中求异”。酒店管理者在管理上不仅要自身具有求异思维，还要创造一种不拘一格，不受常规束缚的宽松、自由的环境，使员工、顾客能够充分表达自身的不同意见、不同想法，有利于产生具有创造性的想法、思路和成果。求异思维的进一步演变就是创新思维。

（五）逻辑思维

逻辑思维，又称抽象思维，是指运用含义、判断、推理等形式，对客观现实进行符合规律和事理发展的反映，包括归纳演绎、因果推理、分析综合等。

归纳演绎是归纳和演绎的合称。归纳是指从许多个别的事物中概括出具有共性特征的一般性含义、原则或结论的思维方式。简言之，归纳就是从个别到一般。演绎是以一般含义、原则为前提推导出个别结论的思维方式，即依据某类事物都具有的共同属性、关系来推断该类事物中个别事物所具有的属性、关系的推理方法。简言之，演绎就是从一般到个别。

因果推理可以进一步分为从原因到结果的推理或从结果追溯原因的推理，即“由因导果”或“执果索因”。因果推理是管理者分析问题时经常使用的思维方式。

分析综合是分析与综合的合称。分析有两种类型：一种是从事物的结构或组成出发，将事物进行分解，以研究分解之后的事物的具体内容；另一种是针对事物的具体表象或现象进行调查研究，以完成对事物变化的来龙去脉、前因后果的认识。

具有逻辑思维的酒店管理者，既可以从个别现象、事例中归纳出一般规律，推动酒店规模化、集团化成长，又可以通过学习，将一般理论与知识，创造性地应用本酒店的管理实践，推动本酒店的成长。同时，具有逻辑思维的酒店管理者，还可以通过分析综合、因果推理，在不断因果探索、追根溯源中，正确地认识和解决酒店当前发展中复杂多变的现象和问题。

（六）直觉思维

直觉型思维，属于一种非逻辑思维。它是以个人的学识和经验为基础，通过直觉来提出含义、假设和决断的一种思维方式。

酒店管理者如果掌握了这种思维方法，有助于从错综复杂的社会现象和管理问题中，及时做出有可能准确无误的判断和抉择。这种凭直觉思维做出的判断和抉择，在紧迫和危急关头，在无法进行周密的逻辑思维时，是一种非常宝贵的、非常必要的思维方式。事实上，一个经验丰富的酒店管理者，在日常决策中，几乎有将近一半的判断是凭直觉得到的。当然，直觉思维毕竟属于一种“有待证实”的判断，并不总是准确无误的，只要条件允许，还要应尽可能运用逻辑方式、科学手段进行验证。

（七）形象思维

形象思维是指利用有形事物的特征或视觉影像来进行思维的方式。这种思维方式及其表述具有生动、鲜活、易于为人们所接受的特点，经常被酒店管理者采用。例如酒店管理者在讲抽象的道理和原则时，经常采用的案例说明法、讲故事说明法，就是应用形象思维表达方式，这种方式非常容易为下属所理解和记忆。

（八）创新思维

创新思维是逻辑思维、求异思维和形象思维等思维方式进一步延伸，是反映人类产生新思想、开拓新领域、创建新成果的思维活动。具有创新思维的酒店管理者，更倾向于不断追求变革，不断地推出新产品、新服务和新的管理方式。通过创新思维和创新行为，酒店管理者可以不断进行饭店目标创新、技术创新、产品创新、服务创新、制度创新和环境创新，把酒店推向新的发展阶段。

二、酒店管理者新理念

理念是指人们通过思维活动所归纳或总结出的思想、观念、含义与法则，是思维活动成果最集中的体现。适应当今酒店业竞争的全球化、激烈化趋势，当代酒店管理者需要具有新理念包括：

（一）“顾客永第一”经营管理理念

“顾客永第一”是“顾客就是上帝”、“顾客就是衣食父母”、“宾客至上”、“顾客永远是对的”等不同表达方式在酒店经营管理思想、观念和法则上的集中反应。该理念对于酒店管理者具有永恒的生命力。

在当今市场经济条件下，酒店业作为一个市场形态上充分竞争，市场总体上供过于求，市场态势上竞争激烈的产业，决定了酒店在经营管理中，要永远把顾客的利益与需求放在第一位，酒店的所有产品和服务都要围绕顾客需求而展开，酒店的一切活动以为顾客创造价值为目的，这样才能保证酒店经营管理沿着正确的方向和道路前进，酒店管理者才能为自身管理确立合法性和权威性。

（二）“人生即服务”服务理念

从客观上讲，社会上所有人的存在都是以需要别人的服务为前提，而要想获得别人的服务，又需要自身能够为别人提供服务，即所谓的“人人为我，我为人人”。从某种意义上讲，“服务他人”既是人生的一种责任，也是获得人生意义的主要方式。

酒店企业作为一个以提供接待住宿服务为主的综合企业，客观上更要求酒店管理者应具有强烈的“服务信念”、服务责任意识，把为别人提供服务作为自身的人生信条和人生责任，在为别人服务中，实现自身的人身价值，寻找到自身的人生意义。

从某种的意义上讲，“酒店人的一生，就是为别人服务的一生”，从广泛的意义上讲，所有人的一生都是服务于他人的一生，只不过是方式、手段和效果不同而已。酒店管理者要树立起“人生即服务”的服务理念，为服务好顾客，管理好酒店，实现酒店和自身价值奠定坚实的基础。

（三）“质量是生命”质量管理理念

酒店的服务质量决定着酒店的成败。大量的事实证明，酒店如果不重视服务质量，很快就会失去顾客与市场，导致酒店经营亏损，甚至破产。相反，如果酒店能提供全面的、个性化、质量优秀的服务产品，就能在市场上取得持久的竞争优势，获得更好、更长久的经济效益与发展。

因此，酒店要想在激烈的酒店业市场站稳脚跟，并不断地发展壮大，酒店管理者就要牢固树立“质量是生命”的质量管理理念，以质量求市场、以质量求效益，以优异的服务质量赢得顾客的信赖和成长机会。同时，酒店管理者还应把重视酒店服务质量、“质量就是生命”这种质量管理理念融入酒店企业文化，成为酒店员工一切行为的指导，以优异的质量赢得顾客的满意与忠诚。

（四）“品牌最宝贵”品牌管理理念

品牌是区别不同企业所生产和销售的产品或服务的名称、标记、图案、形象或其他特征。品牌对于酒店与顾客都有着非常重要的意义。对于酒店来说，品牌有助于将自身产品从大量酒店产品中区别出来，形成良好产品形象和企业形象。对于顾客而言，品牌可以识别不同的酒店产品，从而决定自己选择，并且可以通过消费名牌形象、地位等形式获得心理上的满足感。

同时，酒店产品的无形性和同步性决定了在顾客购买前，酒店无法当场向顾客进行完整产品展示，消费者只有通过产品的有关信息来做出购买决策，品牌作为酒店产品和服务信息的综合体现，可以有效地向顾客传递产品和服务的质量信息。

在某种意义上讲，品牌是酒店最宝贵的资产，具有显著的增值效应，能极大限度地提升酒店价值。酒店酒店管理者要树立“品牌最宝贵”的品牌管理理念和品牌管理意识，充分关注和提高酒店品牌，增加酒店的市场竞争力和发展潜力。

（五）“员工最重要”人力资源管理理念

酒店作为一种服务企业，酒店产品服务质量和酒店企业品牌形象都是全体酒店员工努力的成果。酒店员工构成酒店的人力资源。人力资源与物质资源最大的区别就是人力资源具有价值创造性。酒店员工的价值构成酒店利润最主要的来源，而酒店利润是支撑酒店生存与发展的物质基础。因此，酒店员工是酒店最重要的资产，是支撑酒店生存与发展最重要的基础。

酒店员工的重要性决定了酒店管理必须充分重视对酒店人力资源的科学管理。在管理中，明确认识到“只有满意的员工，才有满意的顾客”，“只有能够让顾客满意的员工，才是值得酒店满意的员工”，把员工当作酒店最重要的资源，通过科学的手段，充分调动员工积极性、主动性、创造性，不断提高员工的满意度和忠诚度，为酒店的发展奠定坚实的基础。

（六）“低碳与环保”的可持续发展理念

近年来，随着温室效应的加剧和人类生存环境恶化，减少碳排放、节约能源和保护自然、生态环境，实现可持续发展，日益成为世界性共同认识。

传统酒店业是一个“高能耗、高排放、高污染”的行业，据资料显示，一家中等规模的饭店，一年要消耗1400吨煤的能量，向空中至少排放4200吨的二氧化碳、70吨烟尘和28吨二氧化硫。酒店能源费用的支出占营业费用的比例达到8%至15%。

由此可见，树立“低碳与环保”可持续发展理念，采取节能环保经营管理措施，保护自然、生态环境，建设绿色酒店，既是酒店企业和酒店管理者的一种社会责任，实现人类生活可持续发展的内在必然需要。

（七）“创新无止境”的创新理念

在竞争激烈的酒店业市场，顾客面临着日益众多的选择机会，酒店企业要想持续地赢得顾客和市场竞争，酒店管理者不仅要培养创新思维和创新意识，而且不能被一时的创新效果冲昏头脑，变得固步自封，停止不前。这样，早晚会被新的创新所淘汰。

因此，酒店管理者要牢固树立“创新无止境”的创新经营理念，始终密切关注市场趋势和顾客消费趋势变化，通过持续而永不停止的创新行为，不断推出新产品和新服务，在巩固已有市场的同时，不断开拓新市场，赢得顾客长久的满意和忠诚，实现酒店长期的生存与发展，实现创办百年名店、千年名店的远大目标。

酒店管理者应具有的这些新思维与新理念，并不是一种全新的思维和理念，而是适应于当前中国及到世界酒店业的发展需要，在对已经存在的、仍然具有应用价值的思维和理念的系统化的归纳、总结、提炼和阐述的基础上，进一步融入新的思想，通过系统化的概括与总结形成系统化认识。这一系统化认识能够使酒店管理适应于当前酒店业发展形势，更好地指导酒店管理管理者的学习和提升，达到推动中国酒店业和中国酒店企业更好的健康成长发展的目的。

高校酒店管理本科专业以培养中国酒店业未来的中、高级管理人才为目标，在专业人才培养过程中，可以通过课程教授、实践指导、日常示范等多种途径与方式，有意识地加强对相关新思维与新理念的灌输与引导，促进学生相关思维与理念的形成，为学生未来的职业发展奠定更加坚实的基础。

参考文献

[1] 杨世忠. 管理咨询 [M]. 首都经济贸易大学出版社，2011.
[2] 贾依·坎达姆普利（澳）. 程尽能，韩鸽等译. 服务管理—酒店管理的新模式 [M]，北京：旅游教育出版社，2006.

当代酒店管理者素质与能力构成及其培养探讨①

裴正兵②

【摘　要】 激烈的市场竞争导致了酒店业对高素质的酒店管理专业人才的迫切需求与渴望。酒店管理专业要培养高素质的酒店管理者，首先需要对当代酒店管理者所需要具备的素质与能力进行科学梳理，然后才可以有针对性地采取恰当的方式对酒店管理专业学生进行培养。其中有效方式就是对传统专业课程的教学模式进行变革，在教学过程中融入酒店工作场景，采取基于问题的学习的教学模式。

【关键词】 管理者素质；管理者能力；工作场景 PBL

近年来，随着我国经济社会的快速发展，国内酒店业规模持续壮大，从业人员数量不断增多，酒店业整体经济总量也在不断提升。酒店业规模壮大和总量提升，加大了酒店业市场竞争。激烈的市场竞争导致了酒店业对高素质管理人才的迫切需求与渴望。高校酒店管理专业作为培养未来高素质酒店管理者的专门化组织，理应承担起相应的人才培养的重任。

酒店管理专业要培养高素质的酒店管理者，首先需要对当代酒店管理者所需要具备的素质与能力构成进行科学的梳理，然后才可以有针对性地采取恰当的方式，对酒店管理专业学生进行科学培养，使之成长为酒店业所需要的高素质酒店

---

① 本文系北京联合大学2015年教育教学研究与改革项目：融入工作场景的PBL模块化教学方式研究（JJ2015Y075）和酒店管理本科专业“一体两翼三平台”人才培养模式的创新与实践（JJ2015Y030）的阶段性成果。

② 裴正兵，北京联合大学旅游学院酒店管理系副主任，副教授。

管理者。

一、当代酒店管理者的素质含义与构成及培养

（一）酒店管理者素质含义

酒店管理素质是指管理者从事并胜任酒店管理工作时，自身所应具备的、内在的、稳定特征或特点，包括价值观、道德、技能、知识与态度等内容。对于酒店企业来说，高素质的员工队伍是酒店的最重要的资源，高素质的管理者队伍是使员工这种最重要资源发挥作用的关键力量。对于酒店管理者个人来说，管理素质是支撑未来职业发展和个人成就的核心因素。

（二）酒店管理者素质构成及其培养

在实践中，不同管理层次的酒店管理者的素质构成存在一定的差异。作为对自身未来发展有高要求的高素质酒店管理者，应以成为酒店职业经理人为追求目标。因此，以酒店职业经理人的素质要求为主体，同时参考中国酒店协会的《饭店业职业经理人执业资格条件（GB/T 19481－2004）》对酒店经理人的要求，当代酒店管理者应具备的素质主要如下：

1. 良好规范的职业道德素质

职业道德是指同人们职业活动紧密联系的符合职业特点所要求的道德准则、道德情操与道德品质的总和。职业道德既是人们在职业活动中的行为标准和要求，同时又是人们所处职业对社会所负的道德责任与义务。作为以酒店职业经理人为发展目标的酒店管理者，良好规范的职业道德素质是支撑其未来发展的坚实基础。

酒店管理者的职业素质主要包括：（1）遵纪守法。遵守国家法律、法规，遵守社会行为规范，遵守企业章程及管理规章制度，并努力做遵纪守法表率；（2）爱岗敬业。具有强烈的爱岗敬业精神，热爱本职工作，尽职尽责，勇于承担责任，全力履行应尽的职责；（3）公平正直。明确是非标准，秉公办事，不徇私情，不计个人得失，公正无私；（4）诚实守信。以诚待人、严守信用，保守酒店的商业秘密。

因而，高校酒店管理专业应从酒店管理者所需要的职业道德素质出发，通过思想道德教育、专业课程教育和专业社会实践教育等多种方式，在潜移默化中培养酒店管理学生应具备的遵纪守法、爱岗敬业和公平正直的职业道德素质。同时，学生只有亲历酒店真实的工作场景，才能切身体验到酒店职业道德素质的内

在实质与外在具体形式，才能有效地进行职业道德素质的学习与培养。

2. 广博复合的知识素质

酒店企业经营管理和产品服务的综合性决定了酒店管理者必须具有广博复合的知识素质，才能胜任酒店管理工作，适应当前酒店业的快速发展与进步，推动酒店业进一步发展。

酒店管理者广博复合知识素质包括：（1）通用知识素质。包括宏观经济学、微观经济学、中外人类发展史、中西方哲学、旅游文化、顾客心理学、管理心理学、美学欣赏与设计等。（2）一般企业管理知识素质。包括管理基础理论知识、组织行为学知识、行政管理知识、企业文化知识等。（3）酒店管理专业知识素质。包括酒店人力资源管理、餐饮管理、客房管理、会计和财务管理、市场营销管理、设备能源管理、安全保卫管理领导艺术与战略管理等。

酒店管理者所需具备的广博复合的知识素质要求，决定了酒店管理专业的课程设置与相应的人才培养方式。酒店管理专业从大学生一入学开始，就应系统化地设置通用知识课程、管理知识课程和专业知识课程。通过课程教学、实践教学等多种方式，将未来所需要的基础知识传授给学生，并且使他们具有自主学习的精神与能力，能够自主地学习酒店管理职业发展所需要的广博复合型知识。同样，学生只有亲历酒店真实的工作场景，才能切身体验到酒店职业所需要具备的广博复合知识内容与形式，对知识的学习才更有针对性和热情。

3. 健康良好的身心素质

酒店管理工作是一种服务工作，而且工作时间具有“反常态性”，即越是人们休息、休闲、度假的时间，越是酒店工作人员繁忙的时间。从日常管理工作来看，酒店管理者的服务与管理涵盖了顾客的住宿、餐饮、商务、娱乐等等方面事无巨细的事项，同时顾客需求与心理的多样性与变化性进一步对酒店管理者的身体素质与心理素质提出较高的要求。这就要求酒店管理者具有健康良好的身心素质，能够始终保持自信与乐观，能够稳定自身情绪，具很强的自律和自控能力，合理地运用自身智能和体能。

对学生健康良好身心素质的培养，除了通过大学生体育课程这种传统的、基础的方式外，更重要的是让学生明白健康良好身心素质对未来生活和职业发展的重要意义，培养学生形成对体育运动的兴趣与爱好，能够主动参与符合自身特质的运动项目与形式。通过科学的体育运动在提升自身身体素质的同时，形成健康、活泼、自信、稳健的职业心理素质。同样，学生只有亲历酒店真实的工作场景，才能切身体验到健康良好身心素质重要性，才能更加主动地投入到身心素质的锻炼与培养之中。

二、酒店管理者能力的含义与构成及培养

（一）酒店管理能力含义

酒店管理者能力是指管理者在特定的酒店管理活动或情境中，将所学的知识、技能和态度经过类化、迁移与整合所形成的能完成一定管理任务的能力。

（二）酒店管理者能力构成

以酒店职业经理人的能力要求为主体，同时参考中国饭店协会的《饭店业职业经理人执业资格条件（GB/T 19481－2004）》对酒店经理人能力的要求，酒店管理者的能力主要由以下几部分构成：

1. 战略决策能力

当今酒店业正处于一个全球化竞争时代。一方面，国外各大知名集团酒店全方位进军中国市场，正在由我国大城市向中、小城市场渗透。另一方面，在竞争中成长起来的我国酒店企业也开始走出国内市场，进入海外国际市场，参与国际竞争。在全球化竞争时代，要求酒店管理者必须具有全球市场营销与竞争意识，熟悉国际经济政治发展形势，能够为酒店制订出符合本酒店企业的发展战略规划，通过科学的战略决策，带领酒店在竞争中持续地发展与壮大。

学生决策能力的培养的核心是让学生具有进行决策的机会与场合，并培养相应的决策能力。培养的主要途径是改革传统的以教师讲授为主的课程教学形式，引入基于问题的学习的教学模式，使学生以小组为单位，围绕特定的问题，自主收集信息资料，自主探索解决问题方式，从而培养和形成决策能力。

2. 领导凝聚能力

酒店管理者培养形成与自身适合的领导风格和魅力，在自身领导风格和魅力的影响下，将酒店全体员工凝聚起来，大家劲往一处使，力往一处用，通过共同努力，实现酒店共同的奋斗目标。同时，要将酒店共同的奋斗目标与员工个人的发展目标有机结合起来，争取在实现酒店共同奋斗目标过程中，也有助于实现员工个人的发展目标，最终实现酒店与员工的共同成长与发展。

学生领导凝聚能力的培养的关键是给学生创造具有领导功能的机会与组织，使学生有机会成为一个特定组织的领导者，迫使其体会领导的困难性与复杂性，使其体会要完成相应组织的目标与任务，必须能够有力量凝聚组织内成员，并培

养和形成相应的技能。

3．组织控制能力

酒店管理者不仅要具备领导凝聚能力，同时还必须具备组织控制能力。现代酒店管理者应既是酒店的战略制订者，也是酒店战略的实施者。在实施酒店战略的过程中，必须拥有对酒店的组织控制能力，能够保证酒店沿着正确的道路成长壮大。

酒店管理者实现对现代酒店组织控制的主要手段是规范化管理、制度化管理。酒店管理应是规范化、制度化管理的倡导者、执行者和推进者。通过规范化、制度化的管理，合理有序地组织酒店经营活动。

与领导凝聚力培养的关键一样，学生领导凝聚能力的培养的关键是给学生提供进行组织控制的机会，通过相应的组织设计，让其在组织中承担一定的组织控制职能，在实践中形成组织控制能力。

4．沟通合作能力

当今社会是竞争激烈的社会，也是相互联系更加紧密的社会，一个人要成功离不开团队的共同努力。良好的沟通是团队合作的前提与保证。酒店管理者要乐于倾听不同意见，在坚持原则的前提下，重视情感沟通，将广大员工紧紧地凝聚在一起，形成一个有竞争力的团队，通过团队共同合作实现酒店的发展与壮大。

学生沟通使用能力培养的有效途径仍然是给学生创造以解决问题为导向的组织。在该组织中，要解决问题就必须大家一起努力，只有大家沟通合作才能完成任务。这样，有了沟通合作的机会与动力，就能有效地培养起沟通合作能力。

5．知人用人能力

企业胜衰的关键因素是人才，企业的竞争归根到底还是人才竞争。现代酒店管理者应具有识别人才、任用人才、激励人才的能力，使每一位员工的长处和优势都能得到充分的体现和发挥，做到人尽其才，同时还能够发现和挖掘员工的潜质并加以培养和开发，使酒店人力资源能够充分发挥效用，从人力资源上保证酒店的发展与壮大。

作为一种较高层次的管理能力，知人用人的能力在学校环境中培养是非常困难的，原因在于学生的社会知识还非常有限，同时相应的环境也难具备。但是，通过以基于问题的、以小组为团队的教学形式，在培养学生沟通使用能力的同时，还可以培养学生对合作者的了解与认识能力，为知人用人能力的培养奠定基础。

6. **感知应变能力**

当代酒店管理者所面临的是21世纪的竞争。21世纪是人类生活变化最快的时代。酒店业作为与人类生活紧密联系的产业，正处于快速的发展变化之中，低碳环保、人工智能、移动互联网等现代技术的飞速发展，正在对传统酒店形成巨大的冲击。处于快速多变的竞争环境中，酒店管理者必须具有快速感知变化、灵活应对变化能力，从而引导酒店在变化中实现酒店的发展与壮大。

学生感知应变的能力，特别是酒店职业工作所需要的感知变化能力，很难在传统课程教学中形成。只有让学生亲临现实的酒店工作场景之中，面临现实对客服务环境，学生才能在实现问题导向下，积累并形成感知应变能力。当然，如果有酒店资深的管理者作为学生的实践指导老师，及时帮助学生解决学生自身难以克服的问题，对学生感知应变能力的形成将会更为有利。

7. **学习进取能力**

随着当今人类社会生活的快速变化和技术进步的日新月异，新的管理理念、管理方式和管理技术层出不穷，这就需要酒店管理者具备不断学习的能力，不断地加强自我“充电”，才能深入了解当今国内乃至世界上酒店业的前沿情况和发展趋势，使自己的知识能够跟上社会前进的步伐。酒店管理者只有不断学习、积极进取，不断提高自己，才能掌握更多、更新、更全面的知识，增加自身和酒店的竞争力，实现自身和酒店的共同发展。

学生学习进取能力的培养一是个复杂的系统工程。其中培养和提升学生学习进取能力的关键因素是给学生创造有意义的学习目的、任务和环境。对酒店管理专业的学生来说，一种有效的方式是改变传统上以教师讲授为主的专业课程教学模式，引入基于问题的学习的教学模式（Problem－based learning，PBL），对于学生学习进取能力的培养与形成将非常有益。

8. **开拓创新能力**

开拓创新是一个民族进步不竭的动力。对于酒店企业而言，开拓创新同样是推进酒店持续成长的核心力量，一个酒店不竭的动力。酒店管理者的创新能力包括观念创新、技术创新、组织创新和制度创新等多个方面。酒店管理者不应墨守成规，而需始终紧跟社会发展步伐，大胆开拓新市场、推出产品、推动新变革，对酒店发展与壮大做出自身应有的贡献。

同学生学习进取能力的培养相比，开拓创新能力的培养更加复杂，更需要系统化设计与管理。其中的有效的方式仍然是改变传统上以教师讲授为主的专业课程教学模式，引入基于问题的学习的教学模式，在解决特定问题的过程中，由于不存在标准的答案与解决方式，每一个小组都是通过自身的努力与思考，提出自身解决问题的方式与答案，不同的小组由于收集的信息不一样，思考角度不一样，同一个问题，不同的小组可能得出完全不一样的答案或解决方式，这种学习对于学生开拓创新能力的培养与形成将非常有益。

总之，现代酒店业的发展对酒店业管理者的素质与能力提出了更高的要求。适应于这种要求，高校酒店管理专业必须强化对学生专业素质与能力的培养，要落实对学生专业素质与能力的培养，就必须对传统专业课程的教学模式进行变革，其中变革有效方式就是在教学过程中融入酒店工作场景，并采取基于问题的学习的教学模式。

参考文献

[1] 刘伟超，吴立朋，袁维，彭晓炜. 基于问题式学习初探 [J]. 时代教育，2015 (2)：27 -29.

[2] 毛金凤. 基于职业经理人培养的酒店管理专业学生素质培养探析 [J]. 时代教育，2013 (12)：191 -192.

酒店管理专业国际化人才培养的思考与探析

石　霞[①]　肖轶楠[②]

【摘　要】在酒店业国际化发展的背景下，国际化酒店人才的需求越来越高，这对酒店管理专业人才素质和人才培养提出了更高的要求。本文在分析国际化市场背景对酒店人才需求的基础上，对国外著名酒店管理院校教学的模式和我国酒店管理专业人才培养现状进行了思考，提出在国际化背景下，酒店管理专业人才培养的新思路。

【关键词】国际化；酒店管理；人才培养

旅游业作为第三产业的重要组成部分，已经成为发展最快的新兴产业之一，被誉为“朝阳产业”。旅游业作为对外开放的重要窗口和前沿阵地，是天然的国际化产业。从某种意义上说，旅游业的开放水平，代表着一个国家、一个城市的开放水平；旅游业的国际化程度是一个国家国际化程度的重要标志。国际化的旅游产业需要有国际化的旅游人才，实现旅游强国的目标，需要有厚实的旅游人力资源作为支撑。

酒店业作为旅游行业最重要的组成部分，是旅游业的主要基础设施，酒店的数量和服务质量也是衡量旅游业发展的重要标志之一。我国的酒店专业高等教育伴随着改革开放与市场经济的发展，经过30多年的发展壮大，如今已初具规模；旅游酒店管理高等教育体系基本形成与完善，可以满足行业的发展和人才需求，旅游酒店高等院校也成为高素质酒店人才的主要输送基地。在当今酒店全球一体化运行模式下，酒店国际化发展对酒店高等教育的人才素质和人才培养方式提出

---

① 石霞，北京联合大学旅游学院国际交流合作处，讲师。

② 肖轶楠，北京联合大学旅游学院酒店管理系副主任，副教授。

新的挑战，如何在国际化背景下培养高素质、高能力、高水平、具有适应国际竞争力的国际酒店人才，是亟待解决的重大课题。

1. 酒店管理专业国际化的意义

中国自加入 WTO 世界贸易组织以来，旅游产业已被国家确定为国民经济的战略性支柱产业，国际品牌酒店在中国纷纷落户并成数倍增长，酒店国际化趋势越来越明显，我国也实现了从旅游资源大国到世界旅游大国的跨越式转变。国家旅游局《2012 年中国旅游业统计公报》中指出，2012 年入境旅游人数 13240.53 万人次，其中：外国人 2719.16 万人次，外国入境过夜游客在我国境内平均停留时间为 7.5 天，比上年增长 2.7%；国际旅游（外汇）收入 500.28 亿美元，比上年增长 3.2%；2012 年我国公民出境旅游市场继续快速增长，旅游目的地不断增加，中国公民出境旅游人数为 8318.27 万人次[1]。据联合国世界旅游组织的预测，到 2020 年，中国将成为世界最大的旅游目的地国家及第四大旅游客源国。

随着出入境人数的逐年增多，旅游客源国和旅游目的地国家数量的增加，国际高端品牌酒店和国际连锁酒店纷纷进入中国市场，中国酒店企业和人员参与国际交往越来越频繁，国际酒店交往平台也越来越宽广。特别是加入世贸以后，外资酒店企业开始进入中国市场，它们急需具有国际化背景的高级酒店从业人员；而国内酒店业参与国际竞争，也需要大量的高素质酒店管理人才加入，国际化酒店人才的需求越来越大。酒店产业的国际化发展趋势，必然对酒店高等教育人才培养提出更高要求。旅游从业人员的素质是衡量一个国家旅游竞争力的重要指标，培养高素质的国际酒店人才已经成为酒店管理教育的历史使命，而培养出具有国际竞争力的酒店管理人才已经成为酒店管理专业院校所面临的首要任务。

2. 国内酒店管理专业人才培养的现状

旅游行业被誉为“朝阳产业”，而旅游教育则是“朝阳教育”。我国酒店管理高等教育自 1979 年开办以来，为中国酒店业输送了大量的应用性人才。国内旅游酒店高等院校也经过 30 多年的发展，逐步形成了涵盖中职、高职、本科、硕士、博士等不同层次的人才培养体系。作为对学历教育的有力补充，酒店职业培训体系在人才培养层面上基本满足了行业的需求。但是，我国酒店管理高等教育还存在一定局限性，制约着酒店管理人才培养国际化的进程。

2.1 酒店专业课程设置与国际脱节

目前，国内旅游院校现有的酒店管理专业课程设置，与国际知名酒店管理院校还存在一定差距。课程教学和考试仍然使用比较传统的形式，与相关产业和行业领域的拓展性课程和交叉型课程设置较少，学生所学知识落后于国际酒店业发展的速度。“在课程设置方面，概论性、理论性课程设置与国际接轨较快，但是在操作性课程上，要么设置较少，要么设置以后缺少有经验的教师讲授，这是目前中国旅游教育中普遍存在的一个严重问题。[2]” 酒店管理专业课程设置与市场错位，课程的开发和学生实践能力的培养，与岗位的要求有一定差距，造成酒店管理专业毕业生不能满足用人单位的基本需求，也严重影响学生在国际旅游人力资源市场上的竞争优势。

2.2 外语水平制约学生参与国际化竞争

酒店管理专业学生的外语水平直接影响其是否能胜任国际酒店的工作要求。重专业，轻语言，很多学生英语水平很难达到国外的要求，这也在一定程度上制约了学生进行海外实习或者进入国际酒店就职的机会。酒店管理人才国际化，特别需要酒店专业学生具有较好的外语沟通和交流能力，只有具备良好的外语表达能力和国际合作意识，才能满足国际化酒店人才的需求。

2.3 酒店管理专业师资国际化水平不高

旅游酒店专业院校师资的国际化水平，也决定了旅游高等教育国际化发展的水平。目前国内旅游院校执业教师，具有海外留学以及相关旅游行业从业经历者所占比重不大，而具备高水平外语能力，以及海外相关工作经验的专业人士的加入，对旅游院校提高教学、科研水平有积极作用。

2.4 学生专业实践能力不足

酒店管理专业作为实践性、应用性强专业，要求学生在掌握酒店管理基础知识的同时，具备相关业界的实践、实习、实操的经验，也就是丰富的“酒店专业技能”。传统备课教育以学科教育为基础，注重知识的传授，强调知识的系统性、完整性，忽视了酒店管理专业的职业性、应用性和实践性。因此，在此种模式下培养出的学生，在毕业走向工作岗位后，容易出现理论脱离实际，实践经验少、就业竞争力不强的现象，还常常出现“眼高手低”的现象。

以上种种现象说明，由于课程设置、师资水平、外语能力、实践能力等因素，造成酒店人才培养的速度落后于酒店业国际化发展的速度，酒店国际化人才的数量和质量不能满足酒店业国际化市场的快速发展，高水平国际人才的供应与需求极不平衡。

3. 国外酒店管理高等教育的典型模式

一些发达国际国家酒店管理院校在长期的发展和实践中，形成了其各自的办学模式和成功经验，对我国高等教育国际化发展可以起到一定的借鉴作用。

3.1 美国康奈尔大学“高质量课程学习和实践体系”

美国康奈尔大学作为世界上第一个成立酒店管理学院的大学，拥有全球第一个接待业本科专业，它是全世界设置旅游管理专业级别最高的学校之一，至今已有90多年的历史。

康奈尔大学酒店管理学院本科教育开设涉及9个专业领域150门课程，课程覆盖酒店接待业的所有方面，通过专业核心课程的设置和讲授，使学生打下坚实的专业基础，而必修课与选修课相结合，使旅游专业学生可以学习到社会经济、金融、科技等相关学科，拓宽了学生的视野。[3]

高质量的课程体系为培养适应国际竞争的高水平旅游人才做好了准备。在国际接待业中，实际运作和实践能力是考核从业人员综合素质至关重要的保障。康奈尔大学酒店管理专业课程设置就是为了满足学生实践的需要，帮助学生将所学知识转化为实践能力。康奈尔大学毕业生之所以得到全球知名酒店连锁集团的垂青，除了因为具备扎实的理论知识外，还因为其毕业生拥有高质量的行业实践经验，帮助他们将专业知识具化到未来酒店实际工作中。

另外，康奈尔大学十分重视酒店管理专业产、学、研的合作与研究。作为美国八大常青藤名校之一，康奈尔大学一直在美国大学综合排行榜上名列前茅。康奈尔大学明确的专业发展定位，与全球酒店接待业管理集团的通力合作，以及大量教学科研资金的投入是保证其领先全球旅游管理专业的重要因素。高质量课程体系、学习实践相结合、教学与科学研究相辅相成，造就了康奈尔大学毕业生不但具备职业素养和领导才能，而且在旅游国际化背景下，成为有竞争力和影响力的高级旅游管理人才。

3.2 瑞士洛桑酒店管理学院“高级酒店管理人员培养模式”

瑞士作为世界上最早开展正规旅游酒店高等教育的国家，旅游教育主要为饭店、酒店培养高水平管理人员。瑞士的酒店管理教育由酒店协会创立，是瑞士酒店业的官方组织。1893年，协会创建了瑞士洛桑酒店管理学院，是世界上第一所酒店管理学院，也是世界排名第一的酒店管理学院。百余年来，培养出了众多具有国际水平的酒店高级经营管理人才。瑞士洛桑酒店管理学院独特的教学模式享誉世界，成为国际公认的“洛桑模式”。他们的办学宗旨就是“以高质量的教育培养学生各种技能，使他们在竞争激烈的酒店行业中脱颖而出。[4]”洛桑酒店管理学院按照旅游教育的国际化水平办学，师资队伍、课程设置和学生来源，都是力求与国际接轨，着重培养国际化旅游人才，以适应国际市场竞争。“学生学业结束后获得国际酒店行业认可的就业证书，在全球各星级酒店可直接上岗，一般可任部门经理、助理，而不必再经过实习期。[5]”

3.3 爱尔兰香侬酒店管理学院“三明治授课模式”

爱尔兰香侬酒店管理学院成立于1951年，旨在为世界酒店行业培养酒店经理。自成立以来，其已成为世界酒店管理业界的领导学院，世界排名第三位，仅次于瑞士洛桑酒店管理学院和美国康奈尔大学酒店管理学院。香侬学院隶属于爱尔兰国立高威大学，同时颁发爱尔兰国立大学学士学位。香侬学院颁发的所有学位都被国际酒店与饭店协会——英国酒店餐饮国际管理协会（H. C. I. M. A.）和爱尔兰酒店餐饮协会所认可。因此香侬学院的毕业生都拥有后两个协会的专业成员资格。

香侬酒店管理学院采用世界先进的“三明治”授课方式，即第一年上课，第二年全日制带薪工作，第三年和第四年继续回校上课，结业后再次全日制带薪工作一年并直接就业。这种“三明治”教学实践模式一方面帮助学生将所学理论知识付诸实践并帮助学生更好地理解理论知识，增强动手能力，了解行业动态，另一方面提前将基层工作经历完成，以便学生在毕业之时可直接从管理层做起，既大大缩短了学生的基层工作时间，又大大提高了学生毕业后的就业率。

4. 国际化旅游人才培养策略与实践

在全球经济一体化、酒店国际化迅猛发展的今天，酒店人才市场对国际化人才的需求日益扩大，酒店管理高等院校只有培养出高质量、高素质的国际化酒店人才，才能与国际市场人才需求接轨。纵观国际知名酒店管理高等院校的成功经验，结合学校总体办学目标和发展规划，结合国际酒店就业市场对人才的要求，制定符合国内酒店管理高等院校自身需要的国际化酒店人才培养战略，是促进我国酒店管理专业教育走向良性发展的必然之路。

4.1 国际化酒店管理人才的素质要求

酒店业国际化发展对酒店人才的综合素质提出了更高的要求，具有国际竞争力的高素质酒店从业者应具备以下特征：

4.1.1 具有广阔的国际视野

国际化旅游人才应该具备广阔的国际化视野，洞察国际政治、经济风云变化，在国际旅游文化交往等重大活动中，能够高瞻远瞩、顾全大局，做出清晰的判断和明确的决定。对国际酒店行业发展规律和趋势，当今酒店业发展的现状和问题，以及国际经济形势对酒店业的影响具有一定的敏感性。

4.1.2 通晓酒店行业国际惯例与相关文化知识

酒店的国际化，要求从业人员应通晓国际上酒店行业法律法规以及国际惯例，熟悉相关领域商务及文化知识。这是国际化酒店人才参与服务所必需具备的能力。只有完全了解相关规定，才能在工作中做出正确的决策与判断，保证所从事的酒店经营活动在法律允许和保护的范围内，合理合法合规进行。

4.1.3 具备跨文化沟通能力

跨文化沟通能力是指，在不同的文化下，能与来自不同国家和文化背景的人进行沟通的能力。酒店经营管理作为一种经济行为，同时也是一种文化现象。酒店从业人员和管理者都应该具备一定的跨文化沟通能力。这就要求酒店从业人员能够熟悉来自世界各地旅游者的社会文化、风俗习惯，并且灵活利用沟通技巧，协调处理工作中所涉及的各种关系和利益，为国际宾客提供高水准的服务。酒店从业人员应该成为多种文化的友好使者，尊重外来文化，弘扬传播本地文化，使多种文化相互交融。

4.1.4 熟练的外语应用能力

酒店行业的国际化，对能够熟练使用外语进行沟通的从业人员需求增大。那么国际化酒店人才必然要求其具备双语、甚至多语种的沟通能力，能够熟练运用外语作为工具开展各项工作。随着越来越多国际化酒店品牌入驻中国，国际化雇员也随之增多，英语作为一门世界语言，越来越重要。较高的英语沟通能力，是国际化竞争的有力保障。

4.2 国际化酒店人才培养实践

国际化酒店人才市场，对国际化人才有着强大的需求，国际化酒店人才培养可通过以下途径进行：

4.2.1 课程的国际化

大学的国际化首先是教学内容和课程设置的国际化。课程是实现国际化酒店人才培养的核心。这需要我们的酒店专业课程，符合国际酒店人才培养的需求，与国际酒店课程设置接轨。酒店管理专业课程设置应该与专业培养目标相一致，为培养国际化酒店管理人才服务；国际化酒店管理人才培养的教学内容，也不应仅仅面向本土文化，应具有国际化特点。对于涉及国际贸易金融、国际旅游市场发展趋势、国际旅游法律法规、国际惯例、国际商务礼仪和跨文化交流沟通等课程，应按照国际标准进行设置与改造；有针对性地引进国外先进的教材和内容，使学生能够及时了解国际酒店业的发展趋势，掌握最新的业界动态。

4.2.2 旅游教育人才国际化

要实现酒店管理专业国际化水平，还要提高师资的国际化水平。这就要求教师要通晓国际、国内酒店业前沿知识，具备丰富的业内实践经验，紧跟行业国际发展的趋势，对错综复杂的国际环境有敏锐的洞察和决断力。

酒店管理高等院校要打造国际化教师队伍，首先应注重对本校师资力量的培养，通过与国际高水平院校进行教学、科研合作，有计划选派优秀教师学者赴海外进修、深造、讲学以及参加学术交流、国际会议等，把国外酒店高等教育的先进理念和方法引进到我国，实际应用于教学。其次，有目的的引进具有海外留学、工作背景的归国人员，参与教学科研活动，带动本校教师参与教研科学实践。再次，通过与国外知名高校合作办学等形式，进行教师和学生的互派互访，包括引进国外高水平外籍教师专家来国内讲学，为学生提供国际化学习环境，学习国外先进知识和观念，从而培养出符合国际标准、具备国际视野的国际化复合型人才。

4.2.3 建设海外实习基地

酒店管理专业特别强调理论与实践相结合，课堂与工作场景相结合，没有专业实习和实践，就很难将理论知识转化为实际工作能力，而酒店实体运行能力是考察从业人员综合素质的重要指标。目前，酒店管理学生专业实习还局限于本地星级酒店和国内跨国酒店，这与发达国家酒店管理专业学生全球海外实习派遣还存在着很大的差距。国内的跨国酒店在经营活动中往往受到我国国情和地方政策等多方面因素的影响，培训水平和管理水平有一定的局限性。这种实习实践的差距会让学生的国际化视野、国际职业素养和能力无法真正与国际接轨。在旅游全球化背景下，无论是发达国家和发展中国家都对海外劳动力存在很大的需求，国际就业市场存在巨大潜力。[6] 一些国家如美国、新加坡、阿联酋等都在各国外交政策允许的前提下，采用实习生或海外员工招聘等形式，与我国旅游酒店高等院校开展合作。因此，建立和拓展酒店管理专业学生海外实习基地，可以使学生能够在真实的国际化工作场所进行专业实践，在多元文化交融的环境下进行职业体验，在国际化背景下完成“教”与“学”的交融。

4.2.4 **大力推行双语教育**

国际化进程中，语言作为交流和沟通工具的地位越来越重要。在酒店管理行业，能熟练运用外语进行表达和沟通的人才受到用人单位的欢迎。专业知识过硬，外语能力强的毕业生在就业市场的竞争力越来越强。双语课程不仅仅等同于外语课程，而是将外语课程与酒店专业课程有效融合，采用双语教学的模式来实施专业教学，从而提高学生涉外沟通能力、跨文化交际能力及国际合作的意识。学校可以通过建立酒店模拟场景专业实验室，帮助学生进行多语种模拟教学实践活动；聘请高水平外国专家、教师，提高课程的国际化程度。

5. 结论

酒店业的国际化、全球化，对酒店管理专业人才提出了更高的要求，酒店管理专业院校应不遗余力，大胆探索，勇于创新，找出适合自身发展的国际化酒店管理人才培养模式，使学生有机会、有能力接受未来国际化的竞争与挑战。

参考文献

[1] 2012年中国旅游业统计公报，国家旅游局网站：http：//www. cnta. gov. cn/html/2013 - 9/2013 - 9 - 12 - %7B@hur%7D - 39 - 08306. html

[2] 吴必虎，黎筱筱. 中国旅游专业教育发展报告 [J]. 旅游学刊（人力资源与教育学特刊），2005，7：9 - 15.

[3] [4] 陈晓艳. 日本、美国、瑞士三国的旅游高等教育特征 [J]. 湖北第二师范学院学报 2010，10：120 - 122.

[5] 刘伏英，“洛桑模式”对我国高校酒店管理专业教学的启示 [J]. 中国高教研究，2005（8）：79.

[6] 孙嫘，旅游全球化背景下高职酒店管理专业国际化人才培养探析 [J]. 湖北成人教育学院学报，2012. 11.

基于SWOT模型的酒店管理专业建设研究①

——以北京联合大学酒店管理专业为例

孙　琼　宋金飞

【摘　要】随着我国旅游业的迅猛发展，北京作为中国的首都，凭借其特有的政治、文化中心优势成功吸引了来自海内外酒店集团的投资入驻。北京酒店业发展的同时，也为高校酒店管理专业建设提供了更多机遇和也提供了更多的挑战。本文采用SWOT分析法，阐述了北京联合大学酒店管理专业建设的优势、劣势、机遇以及面临的挑战，并在此基础上就酒店管理专业建设提出要紧跟市场变化，提升国际竞争力、推进校企合作，强化实践教学、建设“双师型“教师队伍，聘请业内专家几条初步构想。

【关键词】SWOT分析；酒店管理专业；北京联合大学

引言

随着北京市提出将“旅游业作为推动首都经济发展方式转变、产业结构优化升级的重要抓手，作为建设资源节约型、环境友好型社会的重要载体，作为展示首都形象魅力、人民幸福生活的重要窗口”的口号，北京旅游业进入快速稳步增长时期。作为旅游三大支柱产业之一的酒店业更是进入快速扩展阶段，无论是星级酒店还是经济型酒店，无论是国际知名酒店集团还是本国民族品牌，都纷纷看好北京市

① 本文受到北京联合大学2015校级教改项目［基于多重视角的酒店管理专业课有效教学评价指标体系研究］支持，项目负责人：孙琼。作者简介：孙琼，女，北京人，北京联合大学旅游学院酒店管理系教师；宋金飞，女，山东人，北京联合大学旅游学院研究生。

场，不断加大对北京酒店业的投资。酒店数量的增加，必然对酒店专业人才提出更多需求，这就为酒店管理专业的建设和人才培养提供更多机遇与挑战。

北京联合大学旅游学院酒店管理专业办学历史悠久，面向酒店业等旅游接待业，致力于培养学科专业基础扎实、实践能力强，具有创新创业精神和社会责任感，具有较强的国内外酒店业工作适应能力、具有熟练服务操作能力、掌握酒店运营管理知识、并具有可持续自我发展能力的高素质中级应用型人才。历经了长达三十七年的教学发展，秉承“博识雅行，学游天下”的北京联合大学旅游学院已经培养了大批酒店方面的管理精英，每年为北京市酒店业发展提供千余名专业人才，被誉为“旅游高素质专业人才的培养摇篮”。

1. 酒店管理专业建设的 SWOT 分析

1.1 优势分析

1. 地理位置优势。北京凭借其独有的首都优势，成功吸引来自海内外知名酒店集团的投资入驻。眼下，万豪、喜达屋、洲际、香格里拉、凯悦等外资品牌悉数进入北京，并开始新一轮高速扩展战略。洲际酒店集团更是在 2012 年表明未来五年在全球每开 4 家连锁酒店就有一家位于中国。另外，国内民族品牌势如破竹，不断跻身北京旅游市场。海航酒店集团全系列酒店品牌覆盖各类细分市场，锦江、绿地、万达以及首旅酒店集团系列酒店品牌更是成为北京酒店业发展的中间力量。截止 2014 年底，北京市共有星级酒店 554 家，其中五星级 65 家，四星级 129 家，三星级 203 家，二星级 147 家，一星级 10 家。全市星级酒店平均出租率 57.6%，平均房价 513.1 元/间天。发展前景广阔的北京酒店市场为学院专业建设提供了强大的外在动力。北京联合大学旅游学院位于朝阳区北四环东路，毗邻亚运村，临近地铁 5 号线，优越的地理位置为学院酒店管理专业建设带来了便捷的条件。学院充分凭借其优越的地理优势，建立与国内外知名酒店集团的校企合作。

2. 办学历史悠久，专业建设有一定基础。北京联合大学旅游学院创建于 1978 年，是我国最早建立的培养高级旅游管理人才的学院。目前学院已经开设本科、高等职业教育不同层次的酒店管理专业，招生人数不断增加。根据武汉大学中国科学评价研究中心（RCCSE）、中国教育质量评价中心联合中国科教评价网（www.nseac.com）《2015 年中国大学及学科专业评价报告》对全国 923 所本科高校的调研显示，北京联合大学酒店管理专业在全国排名中名列第三，这是对学校酒店管理专业建设最大的肯定。此外，学校还与世界知名酒店集团（洲际酒店集团等）建立合作关系，通过产学合作的方式，探索酒店人才培养新机制，共同培养高层次的酒店人才。

3. 师资力量雄厚，科研能力强。北京联合大学旅游学院拥有国内同类院校中最具实力的教师队伍。现有专任教师138人，其中教授18人，副教授43人，有博士学位的教师49人，占专任教师队伍的35.5%。学院还从国内外聘请了20名知名人士担任客座教授和兼职教授，19名业界高管担任企业导师。此外，北京优越的地理位置和文化底蕴也成为国内外专家学者追求的学术圣地。尤其是，我国旅游方向最具国际影响力的学术期刊《旅游学刊》位于北京联合大学旅游学院，更是使该学院受到大批旅游界学者和企业家的青睐，成为首都旅游科研创新的重要基地。

4. 学院对酒店管理专业大力支持。面向首都旅游产业，培养基础扎实、实践能力强，具有社会责任感和国际视野的高素质旅游管理人才是北京联合大学旅游学院的办学理念。作为学院重点专业之一，院系领导给予高度重视。为加强学院酒店管理专业建设，学院投入大量资金建设了一批先进的专业实验室，包括酒店管理实验室、旅游电子化管理实验室、茶艺室、品酒实验室等。同时，学院为促进学校教育与旅游市场相融合，深入了解酒店业的新动向，提升学生实践操作能力，还积极寻求与国内外知名企业合作。目前，北京联合大学酒店管理专业已经成为具有良好设施设备、专业教师队伍、科学规范教学、实践教学基地的特色专业之一。

1.2 劣势分析

1. 酒店业良莠不齐，专业建设与国际脱轨。在国内旅游业飞速发展的进程中，我国酒店业也出现了一些令人堪忧的隐患。据调查显示，京广深沪八成经济型酒店纺织品卫生不合格，204个样本中超过80%的酒店纺织品PH值严重超标。另外，新出现的一些精品酒店也存在基础设施和服务方面良莠不齐的现象。酒店业市场不良的运营状况必然会影响高校酒店管理专业的建设进程。此外，目前国内现有的酒店管理专业课程与国际脱轨，学生所学知识落后于国际酒店业发展的速度，在操作性课程的设置上，要么较少设置，要么就是设置以后却缺少有经验的教师教授，久而久之就导致国内酒店管理专业建设与国际知名酒店院校产生了明显差距，严重影响了学生在国际酒店人力资源市场上的竞争优势。

2. “双师型”师资力量不够。20世纪70年代，酒店专业教育随着旅游业的发展开始兴起，旅游学科被称为“新兴学科”，因此对口的师资比较缺乏。然而随着酒店业飞速发展和设有酒店管理专业院校规模的迅速扩大，酒店专业的师资力量却越来越难以适应产业发展要求。据调查，现有的酒店管理专业教师有近一半是非旅游专业的教师，专业背景不对口，行业关系不紧密，缺乏对本专业的深度了解。再加上高校教师虽然拥有雄厚的理论知识，但更多的是“校门到校门”式，往往缺乏实践经验。许多教师没有旅游或者酒店管理专业教育背景和从业经历，专业功底不深，只能给学生传授理论知识，而不能传授实用的工作经验和技能，使学生难以享受到较高质量的旅游教师资源。另外，旅游学校在招收旅游专业教师时，通常以国内培养的毕业生为多，对国外旅游专业教师的引进不足。

1.3 机遇分析

1. 北京市旅游业持续稳定增长，酒店业发展态势良好。在过去20年间，北京的旅游市场得到了持续稳定的发展。无论是从旅游人数还是从旅游业收入来讲，从1994年开始的20余年间，北京旅游业一直保持着稳定的增长，只有在2003年，由于“非典”的发生，对旅游造了一定的影响（见图1、2[1]）。2014年度来京旅游人数达2.61亿人次，旅游收入达4280.1亿元。其中，共接待入境旅游者427.5.1万人次，旅游外汇收入283.1亿元。而北京市2014年地区生产总值（GDP）为21330.8亿元，这意味着，2014年内旅游产业对北京市GDP贡献超过20%。

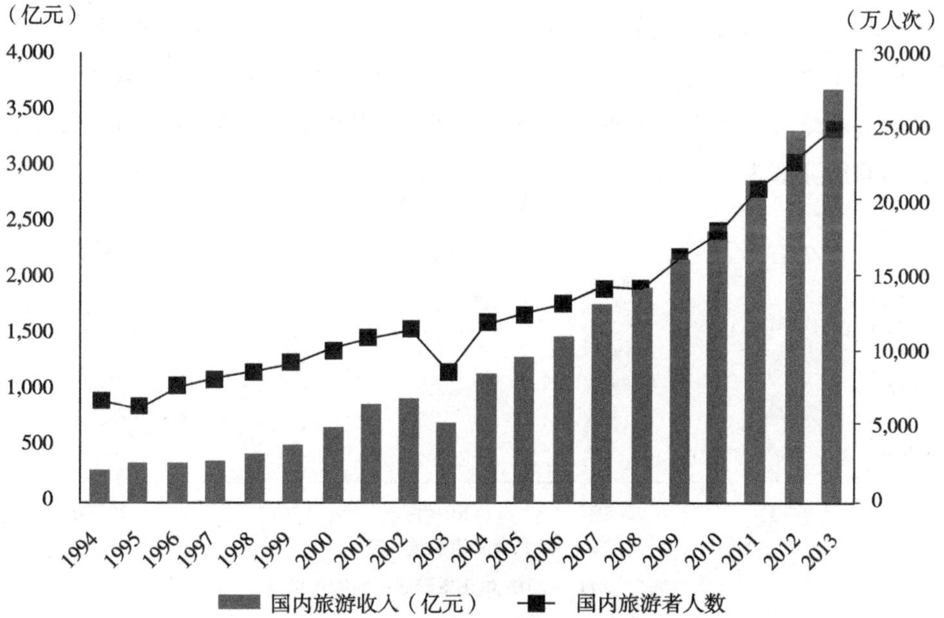

图1 1994－2013年北京国内旅游者人数及旅游收入

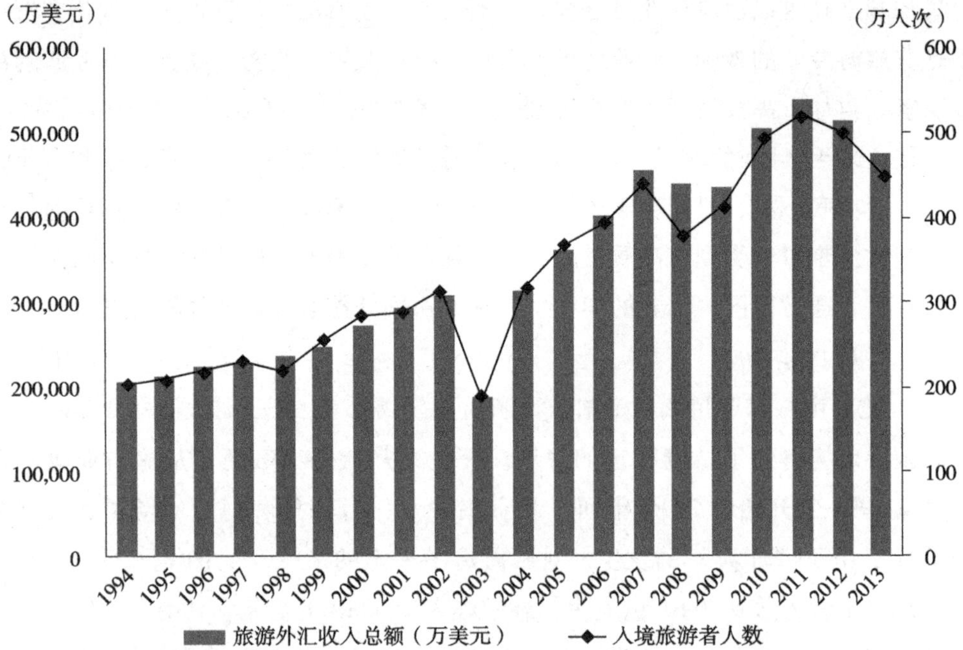

图 2　1994 - 2013 年北京入境旅游者人数及旅游收入

北京旅游市场的的迅猛发展也成为北京酒店业发展的提供更广阔的前景。2006 年北京全部酒店数量约 4681 家，到 2013 年达到了 7225 家，具体数量如图 3 显示。2013 年，北京市星级酒店营业收入 277. 7 亿元，比去年同期减少 7. 2%。尽管近几年由于政府相关政策影响，北京酒店数量增长有所缓慢，但这也为北京市酒店市场结构调整提供了机会。总之，持续兴旺的北京旅游业，加上发展态势良好的酒店业都为大学酒店管理专业的建设创造了必不可少的外部机遇。

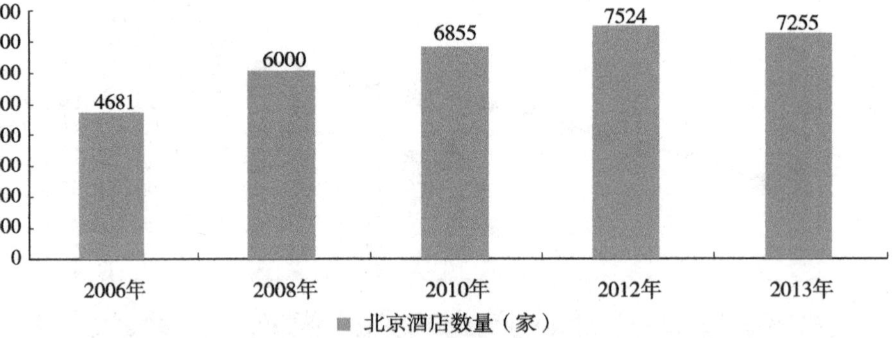

图 3　2007 - 2013 年北京酒店行业数量情况

2. 信息技术发展到来的机会。随着互联网与信息技术的不断发展，酒店的预订、管理系统为酒店的发展提供了极大的便利，也为高校酒店管理专业的建设提供了更便捷的平台。目前，北京很多酒店普遍都使用酒店电脑管理系统 HMS（Hotel Management System），系统涉及到预订、接待、信息中心、收银、客房等前台系统以及结算中心、储存、支付、人力资源部等后台系统[2]。通过酒店电脑管理系统，酒店建立一个高效、互动的内部信息管理系统，打破各部门间的界限，实现了资源的优化配置。同时，也为打破传统酒店管理专业教育模式提供了技术支持。学校通过设置酒店管理信息系统课程，搭建在线教学资源平台，可以给学生创造各种酒店业务情景模拟体验，让学生有效掌握使用信息手段进行服务和管理的基础理论知识和操作技能。

3. 北京 2022 年冬奥会的成功申办。2008 年北京奥运会的成功举办向世界展示了中国、展示了北京的独特魅力，为北京开发国际旅游市场提供了非常重大的契机，而且大量旅游者的到来更是促进了酒店业的飞速发展，仅 2006－2008 年两年的时间北京市就新增酒店近 1500 家。同样，冬奥会作为综合性的重大体育赛事之一，北京 2022 年主办权的成功获得必然将进一步带动北京相关基础设施的完善，在丰富全民冬季健身休闲活动的同时，推动体育文化旅游产业发展。北京将凭借奥运会自身的吸引力吸引来大量的旅游者，届时将会对北京市的旅游接待提出更多需求，这也将成为北京发展酒店业新的推助器。

4. 酒店业高端人才紧缺。酒店业是劳动密集型的行业，按照中国酒店业目前的人员配备标准，一家 300 间客房的 4 星级酒店至少要配备 500～600 名员工，而客房总数在 600 间以上的五星级酒店的从业者至少需 1000 人，其中中专毕业的员工不能超过 70%，大专毕业、受过高等职业技能培养的人才必须占 30% 以上[3]。经济发达的北京地区，旅游市场繁荣，星级酒店星罗棋布，然而酒店对高素质人才的占有率远没有达到上述标准。北京市旅游发展委员会主任宋宇在 2015 年北京旅游工作会议上明确提出“适应首都旅游发展要求的高级公共管理人才、职业经理人、旅游业与其他产业融合的复合型人才相对缺乏”。总之，随着北京酒店数量的持续增加，必将导致酒店集团管理人才的匮乏，从而影响管理和服务水准，这正是酒店管理专业建设发展的大好契机。

1.4 挑战分析

1. 同类院校众多，竞争压力大。北京市设有不同层次酒店管理专业（更多学校是在旅游管理专业下设酒店管理方向）的院校众多，其中本科层次高校 13 所，专科层次高校 17 所（部分学校同时兼具本科、专科层次）。北京联合大学旅游学院作为北京众多设有酒店管理专业的高校之一，并不存在非常显著的竞争优势。尤其是同样作为应用型人才培养基地的北京第二外国语学院，专门建有酒店管理学院，专业文化底蕴深厚，可利用资源非常丰富，更重要的是国际化程度高，对北京联合大学酒店管理专业建设造成很大的挑战。此外，非酒店管理专业的院校也会带来不小的竞争压力。由于酒店行业限制不强，即使非专业学生也容易上手，掌握财务、营销、行政、计算机的大学生同样受到酒店业的青睐。

2. 学校专业建设与市场需求变化不协调。酒店行业重经验，重实践，重积累，而学校酒店管理专业建设更重视酒店管理理论知识的教育，培养学生的学术思维，而忽视了酒店实践教学的训练。正常情况下，一名酒店管理专业的大学生在学校会接受三至四年的课堂教育，而此时没有接受大学教育的人可以利用这三四年的时间积累经验，成为一名主管人员。当大学生毕业之后再让他们做服务员，接受着和自己同样年龄学历甚至比自己低的管理者，这对于他们来说是难以接受的。即使酒店有相应的管理职位提供，大学生由于缺乏完整的实际操作训练，也是难以胜任的。更为重要的一点是，酒店管理专业的教学材料一般都是由教育部指定或是一些受大家普遍认可的教材，这些教材的出版时间通常都会比较久。但是随着我国经济稳步增长，再加上信息技术的发展，酒店业可谓是日新月异，市场对酒店管理专业人才的需求随时都可能发生变化，这给学校酒店管理专业建设跟上市场需求变化造成很大的挑战。

3. 社会大众对酒店管理专业的不看好。部分大众由于受传统观念影响认为酒店管理就是“给人端盘子”的服务专业，没有任何技术含量，一个没有受过任何高等教育的人一样可以做得很好，而完全没有必要浪费四年时间接受高等教育，这就导致酒店管理专业在社会上处于非常低的认可地位。再加上，当代大学生大部分是独生子女，部分家长受酒店工作就是“伺候人”的观念影响，甚至反对孩子学习酒店管理专业，这种观念在一定程度上会影响专业的建设。即使是学习了酒店专业知识，这些偏“理论化”的知识也很难运用到实际操作中，这就导致企业宁可花费更少的钱去雇佣低学历的员工，而不愿意花高额费用去招聘那些空有理论知识而毫无工作经验的大学生。

2. 推进酒店管理专业建设的构想

2.1 紧跟市场变化，提升国际竞争力

应用型人才培养的目标是为企业输入具有较强实践性、操作性，能迅速解决

服务与经营管理实际问题，并且在实践中具备创新精神的高端人才。酒店业发展瞬息万变，这就要求学校在进行专业建设时必须深入了解酒店业的新发展与新动向，紧密结合酒店行业的特点及其变化中的态势。首先，在设置课程方面要做到灵活应变，删减可讲可不讲的内容，可开可不开的课程；其次就是要积极开展现场教学、个案教学、多媒体教学、互动教学，对有条件的院校还可以利用计算机技术采取情景模拟体验式教学，增强学生的学习兴趣；最后在整个专业建设过程中应本着少讲多练的原则，以酒店业务实际操作为主配套相应主干课程，使理论和实践有机结合，整个教学过程与岗位要求贴得很紧，体现浓郁的行业氛围。此外，为迎合北京建设“国际一流大都市”的需求，应对未来北京冬奥会的举办以及越来越多的国际会议展览等需求，酒店管理专业建设必须注重强调国际化，提升国际竞争力。这要求在专业设置中不仅要加大对外语能力的培养，更重要的是要按照国际化标准设置与改造涉及国际旅游市场发展趋势、国际旅游法律法规、国际商务礼仪和跨文化交流沟通等课程，使同学们能够及时了解国际旅游市场的发展趋势，掌握最新的酒店业动态。

2.2 推进校企合作，强化实践教学

酒店管理专业的培养目标决定了院校在进行专业设置时必须加强与企业的合作，只有企业最清楚市场需要哪些素质的酒店专业人才，也只有与企业共同协作才能制定出最佳的酒店人才培养方案。首先，酒店管理专业在建设过程中一定要树立“以教学为基础，以技能培训为推动环节，以科研为发展导向”的教育观，按照政、产、学、研一体化的思路，构建教学—实训—科研一体化的开放式、创新型旅游人才培养新模式；其次要密切院校与业界的联系，不仅要加强与国内相关旅游政府机构、企业、旅游景区及相关旅游院校的合作，建立人才培养基地，为学生提供符合实习教学要求的实习场所，更为重要的是加快建立和拓展海外实习基地，使学生在真实的国际化工作场所进行专业实践，在国际化背景下完成“教“与”学“的交融[4]；最后，专业建设应强化实践教学，重视校内专业实验室建设，通过专业的资讯模拟教学与学习中心为学生多渠道获取校内专业实践教学提供良好的实训环境，同时酒店管理专业建设应加大互联网技术的应用，开设酒店管理信息系统、网际网络系统、电脑订位系统等课程，加强酒店管理专业与新兴技术的融合。

2.3 建设“双师型“教师队伍，聘请业内专家

酒店管理是应用与实践性非常强的专业，其应用型人才的培养更是需要有实

践经验的老师指导才能实现。但是，现在旅游院校的大多数教师远没有达到“双师型”教师的要求。为解决这一问题，在专业建设中首先应扩大师资来源，打破传统教师录用常规制度，积极引进、聘请从事实际工作的从业人员和管理者为兼职教师或客座教授，将他们自己的实际工作经验、企业人才需求情况以及酒店业最新的发展动向带入教学实践中，弥补学生实际工作经验的不足[5]；其次可加强对教师实践经验的培训，院校可与企业建立长效培训机制，有计划地安排教师到酒店、以及与酒店相融合的高新技术产业挂职锻炼，或由名师带动，积极开展校内培训，解决教师专业实践经验不足的问题，提高专业教师理论联系实际的能力；最后，提升专业的国际化首先要提升教师队伍的国际化，只有具备国际视野的高素质教师，才能培养出一流的国际化酒店人才，实现酒店专业建设的国际化，这就要求院校应注重对本校师资力量的培养，通过与国外知名高校合作进行教学、科研合作，选派优秀教师和学生赴海外进修、深造、讲学以及参加学术交流、国际会议等，学习国外先进知识和观念，把国外酒店专业教育的先进理念和方法引进到我国，从而培养出符合国际标准、具备国际视野的高素质酒店管理人才。

3. 结束语

综合比较分析发现，北京联合大学旅游学院酒店管理专业建设在酒店业发展新形势下面临着机遇和挑战并存的局面。相比较北京市同类旅游院校而言，北京联合大学三十七年来的发展使得目前酒店管理专业相对成熟，但为进一步完善专业建设，培养高素质专业人才，还应在建设“双师型”教师队伍的基础上，加强校企之间合作，紧跟市场变化，提升专业国际竞争力。

参考文献

[1] 贾晶晶. 北京市旅游产业分析 [J]. 东方企业文化，2014 (18)：60 - 61.

[2] 程雯. 基于 SWOT 分析的重庆 TY 酒店人力资源培训体系设计研究 [D]. 重庆理工大学，2014.

[3] 费寅. 高职院校酒店管理专业建设思考 [J]. 无锡商业职业技术学院学报，2007，7 (2)：50 - 51.

[4] 石霞. 国际化背景下旅游人才培养的思考与实践 [A] //旅游管理专业教学改革论文集. 北京：北京航天航空大学出版社，2014：78 - 83.

[5] 杨昆. 国际化旅游应用型人才培养现状与思考——以北京联合大学旅游学院国际旅游系为例//旅游管理专业教学改革论文集. 北京：北京航天航空大学出版社，2014：93 - 98.

职业素养的生活融入式教育探讨

——以高职酒店管理专业为例

郭　鹏[①]　郭梓晗[②]

【摘　要】教育与生活有着必然联系，高职学生的职业素养教育可以为其未来生活做准备，酒店管理专业学生的职业素养教育融入生活的主要路径，即：职业素养教育走进课堂，融入学生的学习生活；职业素养教育走进校园，融入学生的课外生活；职业素养教育走进企业，融入学生的社会实践生活。

【关键词】高职；酒店管理；学生；职业素养教育；生活

一、教育与生活

教育即生活，生活即教育；教育源于生活，教育为生活服务。人类对教育与生活的关系已形成了共识，无论是陶行知提倡的“生活即教育”还是杜威提倡的“教育即生活”，二者都主张教育与生活要紧密联系，教育与生活是互相融通的，其教育理论具有两个方面的基本含义：一是要求学校教育与社会生活相结合，要求学校教育与学生的生活相结合；二是要求教育应体现生活、生长和发展的价值，直接参与学生的成长过程，构建美好的人生社会生活，所以教育与生活的联系是本质的、必然的。

所谓生活，是人类为生存和发展而进行的各种活动，也是人类所有的日常活动和经历的总和，它包括了职业生活、学校生活、个人生活、家庭生活和社会生活等；同时又是物质生活和精神生活的总和。生活是人的一种生命状态，表明一

① 郭鹏，北京联合大学旅游学院酒店管理系，讲师。
② 郭梓晗，北京联合大学旅游学院酒店管理系，学生。

个人在这个社会有一个属于他的位置。可许多人却并不清楚在这个位置上该担当什么角色，或者说怎么担当这个角色。强调教育与生活相联系就是要在实施科学教育的同时，加强人文教育，其中的一个核心就是实施道德教育。通过多维的、显性和隐性的教育的开展，启迪年青一代的思维，陶冶其情操，塑造其品格，培养其人生观、价值观和世界观，提高其能力，解决现代人的诸多迷惑。人是生活的主体，人在生活的过程中接受教育。现代社会的发展要求构建“学习社会”，现代人的发展倡导“终身学习”，反映了现代生活对教育的迫切呼唤，折射出这样一种共同诉求，即：运用教育的力量，促进个体德智体美劳五育的全面发展，借以获致个体生活与群体生活不断的革新与进步，谋求顺利适应现实生活、改造现实生活、创造未来生活。总之，亲近生活，根植生活，是教育的必然选择。

二、职业素养教育是为未来生活做准备

中国古代的思想家曾提出“格物致知”，西方的斯宾塞提出过“教育为未来生活作准备”的命题，当今世人亦接受了这些经典理念。加强对高职学生的职业素养教育不仅仅是要传授给学生生活的手段，更是要让学生认识到职业素养是一个人综合素养的重要组成部分，是增强个人就业能力、促进个人可持续发展、推动社会进步、创造未来生活的需要和桥梁，也是个人现实生活本身的一种重要方式。可以说，教育与生活同行，教育与生活相辅相成，教育是为了让人们更好地生活而进行的，教育为人们追求未来幸福的生活而进行准备。职业素养是职业内在的规范和要求，是从业人员在从事职业过程中表现出来的综合品质，主要包含职业道德、职业意识、职业技能、职业行为习惯等方面。从某种意义上讲，职业教育的目的就是要提高学生的职业素养，提高其竞争力，实现顺利就业。大学生职业素养的养成是教育的结果，可以通过后天的教育训练、社会实践、自身努力、环境影响而获得。学生的职业素养将经由外化—内化—外化的过程而形成身心发展的综合素养，为未来的就业与生活奠定基础、做好准备。职业素养教育是高职院校培养适应社会需求的高等应用性专门人才的重要内容，也是高职教育体现自身特色的关键环节。

高职酒店管理专业大学生的职业素养，是企业的需要，也是自身今后步入职场的通行证。高职酒店管理专业职业素养的养成有利于培养学生良好的道德规范；有利于巩固专业思想，提高专业教学质量；有利于提高就业竞争力；有利于创造未来生活；有利于实现高职培养“下得去、留得住、用得上、干得好”的

应用型人才的目标。

三、高职酒店管理专业学生应具备的核心素养：职业素养

职业素养是用人单位考量人才的重要标准之一。根据与学校密切合作的洲际酒店等高等级酒店管理人员的访谈和调查了解，以及对各种研究资料文献的分析，以酒店业员工岗位胜任力为视角，剖析出了当今酒店业对员工职业素养的核心要素，高职酒店专业素养教育也应以此为重点开展。

（一）职业认同感。酒店业属于服务行业，在中国的传统文化及现代视觉中仍然属于“低人一等”，是“伺候人”的工作，社会认同感较低。我们的高职教育有必要使学生了解到：当今西方国民收入的60%甚至更高比例来自服务业，服务业已成为世界经济发展的支柱，使学生对酒店服务工作产生高度的认同感。

（二）服务意识。酒店业是一个较为特殊的服务性行业，服务对象来自世界各地，这就要求学生要牢记并深入理解马里奥特的名言：“生活就是服务，我们时时刻刻都生活在为别人服务和被别人服务的环境当中”，培养学生具有优质的服务意识和良好的职业道德、职业行为。

（三）沟通、合作能力。客我交往是酒店服务的基本工作，客人的个性是千差万别的，酒店优质服务需要员工具有正确处理人际关系、懂得互敬互重、灵活创新地处理各种问题的能力。

（四）娴熟的职业技能。娴熟的职业技能是优质服务的重要保证。酒店的客房、餐饮、酒水、康乐等不同的部门、岗位，都有不同的技能要求。每个从业人员必须掌握娴熟的服务技能，才能更好地为旅客服务。

（五）良好的身心素质。酒店服务是一项脑体结合的劳动。站立式服务、倒班工作较多，对客服务中带来的心理压力也相对较大，这就要求旅游工作者既要有健康的体魄，又能保持一种积极的、良好的性格和心理状态。

（六）良好的仪容仪态。酒店服务人员的仪表仪容仪态直接影响着客人对服务的感受。良好的职业形象既是提升旅客满意度的重要方面，也是员工素质的体现和酒店的形象窗口。

四、高职酒店管理专业学生职业素养教育融入生活的路径

当今中国酒店业的就业状况，呈现出典型的“三高”现象，即高就业率、高流失率、高转岗率。据某些第三方调查机构近三年来的数据分析表明，毕业生

在行业内就业的人数一般在10%～20%之间，导致了社会资源的极大浪费。造成这一现象的原因，除了酒店行业自身的特点外，与高职酒店管理专业教育教学的不健全不无关系，其中最为突出的是对学生专业素养教育不够重视，职业教育过于功利化；此外是专业教学与职业素养教育分离，职业素养教育与生活脱节，学校教育与企业和学生的需求疏离等。要解决以上问题，高职院校必须重视对酒店管理专业学生职业素养教育与生活的融合，积极推行理论教学与生产、生活相结合的学习模式。

（一）职业素养教育走进课堂：融入学生的学习生活。大学生在大学的主要活动和大部分时间主要是在课堂学习中度过的，课堂学习是他们生活的重要组成部分。

1. 开发素养课程，强化学生职业素养，培养学生的职业意识和认同感。从酒店管理专业学生进校的新生教育开始，一方面通过思想政治理论课教学和学生管理，培养学生的人生观、价值观、世界观，要树立现代职业道德教育理念，坚持“以人为本，以德为先”，加强诚信教育，引导学生养成良好的行为习惯。另一方面是根据酒店行业对学生行业整体认知、综合职业能力的要求，开设有关的酒店素养课程，带领学生到酒店进行认知观摩学习，或请酒店业内人士、优秀毕业生到学校开设讲座等，帮助学生增进对酒店行业的历史与现状的了解，激发学生对未来职业的向往之情，进而加深专业课程的学习，将所学知识转化为崇高的职业道德和情感。

2. 将职业素养教育融入贯穿专业课程教学全过程，培养学生的职业道德、技能和行为习惯。高职酒店管理专业学生的职业素养可以在专业课程的教学中通过多种方式、多种场景来进行。改革课程和教学内容、教学方法，将理论与实践紧密联系，将教学与生活结合起来。高职酒店管理专业的课程内容，应将企业的工作流程引入到实际教学中，并在教学过程中将酒店知识和技能培训渗透到学生的生活习惯塑造中。如将“酒店服务礼仪”的原则和规范运用于学生日常的仪容仪表塑造和人际沟通中，将“酒店餐饮服务与管理”课程内容与学校食堂、小吃店的食品健康、卫生条件、服务状况以及学生个人的饮食习惯进行对比联系等，达到技能培训与职业素养熏陶的一致有效。通过仿真实训教学，养成职业道德和职业习惯。高职的实践技能训练教学，是对学生进行职业素养培养的核心环节。客房、餐厅、酒水等仿真实训室教学，让学生在准职业教育环境中进行企业环境的实践培训，可以使学生产生“身临其境”之感，获得较真实的职业情感体验，体悟职业理念，掌握各种职业规范要求，可使学生尽快适应职业角色，养成职业习惯。实行多元化考核，融合职业素养与职业技能的评价，培养学生的综合素养。考核的关键在于考评学生是否已掌握酒店服务工作的某项技能以及所要求的基本素养。高职酒店管理专业学生的考核应采用全过程、多元评价方式，全面考核学生的综合素质和能力。如对学生“客房服务与管理”课程的考核，应包括操作规范、岗位职责、管理原理等基本知识，案例分析，操作考核，学习的态度、出勤率、团队合作学习等一并考核。

（二）职业素养教育走进校园，融入学生的课外生活。有学者指出：“职业素养的养成，需要一种具有职业特色的校园文化的长期熏陶，在潜移默化中养成。”校园文化是一种无形的精神力量，具有教育、规范、导向、凝聚、激励的功能，每时每刻都在潜移默化地影响和同化着校园中的每一个个体。校园文化生活是培育学生职业素养的一个重要渠道。

1. 开展丰富的校园文化活动，提升学生的综合素养。在校园文化建设的主题、内容、形式等方面应体现育人的目标，以建设优良的校风、教风、学风为核心，以优化校园文化环境为重点，以树立正确的世界观、人生观、价值观为导向。校园文化活动应包括全校学生广泛参与的校际活动，如运动会、兴趣协会活动、各类讲座等，同时也应开展结合本专业的各种特色活动，如酒店服务技能大赛、茶艺竞赛、酒店职场人员交流活动等等，为大学生提供了一个展示锻炼、发展自己的舞台，通过活动把学生组织起来，丰富课余生活，开阔知识视野，增进同学间的友谊，增强集体观念和协作精神，提高实际工作能力，从而使学生在稳定、传统的熏陶下，形成积极向上的思想观念、健康的心理品质和较高的科学文化素质。

2. 引入酒店企业文化进校园，使学生接受企业文化的熏陶。高职院校要将校园文化与酒店的企业文化结合起来，引入企业文化有助于提高学生对企业的认知，国际化酒店和高等级酒店一般都有自己优秀的企业文化。通过举办酒店职业经理人讲座、酒店企业文化宣讲会，将合作酒店的企业文化标识、有关规章制度引入或展示在学院教学楼、实训室、学生宿舍等场所，营造特色的校企文化氛围，使学生在感性认识的基础上去体验和思考，从而产生职业意识、职业情感、职业认同感。

（三）职业素养教育走进企业：融入学生的社会实践生活高职教育的职业特性要求我们必须突出实践教学。校外实习多是学生首次进入企业、面对顾客进行的集中实习，可以看做是学生步入社会的前奏，是学生形成职业认同、职业情感、职业技能、职业价值观的关键阶段。高职酒店管理专业学生职业素养教育应贯穿企业实习的整个过程。

1. 校企共同研究、共育人才。应搭建校企融合造就准职业人的平台。高职生在学校接受的职业素养训练是有局限性的，按照时代和社会的要求，高职生职业素养的培养，并不是学院单方的职责，不能仅仅依靠学校和学生，它需要学院和企业的合作融合，需要社会力量的支持。在校企合作办学体制中，校企双方应共同合作制定人才培养的目标和方案，将职业素养纳入培养目标中，突出对酒店管理专业学生的职业素养教育和职业技能教育；共同合作研究制定岗位能力标准和职业规范要求，开发相关的课程标准和内容，研究教学方法和手段，提高专业素养教育和技能教学的针对性和有效性。

2. 实行企业轮岗实践教学。在工学交替人才培养模式下，对学生到企业的实习实践教学，应改变“一岗定终身”的教育模式，实行轮岗实践教学，扩展学生的岗位技能，增强学生对酒店不同岗位、文化和管理的体验和了解，从而形成职业认同感、职业理想、职业技能和行为习惯。

3. 实行实习指导教师“双导师制。”学校派出的实习指导教师应协助企业指导老师在指导学生过程中实行“教、做、学、育”一体化，使学生在酒店真实的工作环境中逐步养成良好的服务意识、职业道德、职业技能。

4. 运用企业文化培养人。应重视运用旅游企业的规章制度、职业道德规范、文化活动等教育、规范、引领学生的思想和行为。鼓励学生参与酒店企业的社会活动、研发项目，培养其团结合作、发现问题、解决问题的实践能力和创新能力，真正把学生培养成为受企业欢迎、思想政治素质好的旅游行业高技能专门人才。综上所述，高职酒店管理专业学生的职业素养教育源于生活的需要，必然要求融于生活，否则就会成为无意义的教育。职业素养教育不仅仅是单纯的课堂和学校教育，还包括家庭和社会教育，是多主体、立体化的教育过程。我们有理由相信，职业素养教育融入生活一定会使学生的生活更美好、社会更美好。

参考文献

[1] 张建兵，李新洛. 从教育与生活的关系看我国学校教育 [J]. 科技创新导报，2012 (19).

[2] 韦春林. 论教育与生活的关系 [J]. 科教导刊，2011 (1 上).

[3] 刘丽. 职业素养教育——时代赋予高职院校的历史使命 [J]. 哈尔滨职业技术学院学报，2010 (1).

[4] 兰先芳. 职业素养教育：实现高职教育理想的必然选择 [J]. 岳阳职业技术学院学报，2007 (5).
[5] 李晓梅，项桂芳，彭花. 谈高职院校旅游专业学生的职业素养培养 [J]. 十堰职业技术学院学报，2007 (4).
[6] 范智军. 酒店管理专业及其专业群职业素养教育研究 [J]. 旅游教育管理，2011 (11).
[7] 刘红梅. 论高校旅游专业学生职业素养教育 [J]. 当代教育理论与实践，2011 (5).
[8] 张会峰. 校园文化：大学生职业素养教育的有效途径 [J]. 黑龙江教育，2013 (5).
[9] 杨忠生. 关于就业导向下高职学生职业素质培养探讨 [J]. 中小企业管理与科技，2009 (8 上).
[10] 罗忠实. 高职学生职业素养教育存在的问题及对策 [J]. 教育探索，2012 (7).

Blending of Professional Quality Education and Life

Abstract: In terms of the necessary connection of education and life, the author expounds that the professional quality education can focus on the idea for their future life, and analyzes the core professional quality of the students majoring in hotel management program and puts forward the main methods of blending the professional quality education and their life, i. e. bringing professional quality education to classroom, to the students' learning and life, to the campus, to the students off - campus life, to the business and to the students' social practice life.

Key words: higher vocational education, hotel management program, students, professional education, life.

旅游院校酒店管理专业人才培养模式探讨

廉月娟[①]

【摘　要】本文旨在分析酒店管理专业人才培养中存在的问题，针对酒店业发展特点和需求，提出酒店专业人才培养的对策和人才培养模式的设想建议，以期对旅游酒店类专业人才培养和发展起到促进作用。

【关键词】酒店管理；实训技能；职业素质；校企合作；培养模式

一、酒店管理专业人才培养的现状及存在问题

随着酒店业的迅猛发展，特别是星级酒店和连锁快捷酒店的入驻，酒店的人员需求不断增加。酒店行业许多工作岗位技术含量不高，就业门槛低，从而吸引了一大批中职生、高中毕业生前来就业，这就导致了酒店行业工作人员学历水平整体偏低这一现状。在酒店员工中，具有高职以上学历的员工比较有限，而在校期间学习酒店管理相关专业的人员比例就更低了，这在很大程度上制约了酒店的进一步发展。此外，受到传统观念、薪酬、工作压力、职业发展等多方面因素的影响，酒店人员流动性较大，酒店时常出现招工难、用工荒的局面。

（一）教学重视理论传授，忽视学生的技能实训

随着我国高校办学的发展扩张，很多的旅游院校教学观念落后，教学的方法单一，不能够突出学生的主体地位，教学重视理论传授，忽视学生的技能实训。通常的先理论后示范再练习的教学模式，不能够激发学生的积极性和主动性，更不能培养学生的创新能力。很多的实训员缺乏管理经验和工作经验，放羊式的自

① 【作者简介】廉月娟，女，博士，北京联合大学酒店管理系教师，经济学博士，主要研究领域为旅游酒店财务管理、旅游危机管理、旅游市场。

由实训很难完成预期目标。培养出来的学生也就不能具有扎实的基本功，独立的应对处理能力，高质量的服务，也就很难胜任酒店管理服务工作，造成学生的综合能力低下，用工企业不满意，学生就业形势不好。

（二）缺乏功能健全的校内实训室

目前，虽然很多的旅游院校在开设旅游酒店管理专业过程中，都有自己的校内实训室。但是，随着我国社会的飞速发展，社会竞争力的不断加剧，酒店企业发展非常之快，酒店类型和酒店管理模式不断更新，使得学校的校内实训室很难跟上社会的发展需要。很多校内实训室在建设过程中没有考虑到酒店的快速发展，导致很多实训室还未建成便已经落后，只能低效应用或者闲置，很难起到仿真教学的作用。学生在校内的实训和社会严重脱节，工作基础和能力要求不能跟上时代发展，造成毕业后还要重新学习，不能胜任工作需要。

（三）实训内容和社会发展需要脱节

尽管很多的旅游院校酒店管理专业在酒店实训方面做了一定的工作，但是，由于各种原因，校内模拟实训室的实训内容仅仅是对酒店管理的局部模拟，没有形成完整的教学体系，缺乏相应的配套设施，很难和酒店真实情景相匹配。不少的校训实验室近几年有客房和餐饮实验室，没有建设前厅及酒吧实验室等，而且设备较为陈旧，不能进行及时维护和更新，这也是旅游院校的酒店管理校内实训室所面临的主要问题，不能做到和真正的酒店工作环境相统一，不能和酒店发展接轨，实训结果很不理想。由于学校和酒店企业本身的发展结构差异，酒店企业的工作需要和学生的实训课程存在一定的差距，酒店企业的部分稀缺岗位只能满足学生的部分工作技能需要，同时，校外实训很多情况下都是时间短、工作岗位单一，无法完成全面教学目标。

（四）偏重学历教育，忽视岗位技能培养，实践环节薄弱

目前酒店管理专业，在课程设置、教学方法和考试考查等方面依然存在重课堂教学，轻实践环节。另外就是学校的实习基地建设还有待提高和进一步丰富。

二、酒店管理专业人才培养对策

针对酒店现存的人才需求现状，酒店管理专业应通过课程设置的多样性来弥补人才培养和酒店实际需求之间的差距。

（一）根据酒店实际需求，以职业能力为基础构建专业课程体系

职业能力的培养对学生今后的职业发展起着举足轻重的作用。酒店的发展需

求和酒店管理专业的教育特点决定了学校在酒店管理专业人才培养过程中需要把培养学生的职业能力作为基础来构建专业课程体系。酒店管理专业学生的职业能力整体而言包括职业道德与敬业精神、服务意识、语言表达能力、专业知识水平、酒店服务技能、创新能力、管理能力和领导能力等。旅游院校酒店管理专业应深入分析酒店行业的人才需求，了解酒店行业所涉及的岗位群，根据酒店不同岗位群所要求的职业能力来细化人才培养方案，有针对性地设置专业课程，开展相关的实训，力求培养出一批牢固掌握酒店管理基本知识和服务技能，具备从事一定专业领域工作的基本能力，能较快适应现代酒店服务和管理第一线的高等技术应用性专门人才。

（二）建立校企合作，倡导理论与实践并重，鼓励学生在实操中学习

国务院《关于大力发展职业教育的决定》指出，要大力推行校企合作、工学结合的培养模式。高职院校所培养的酒店管理专业人才是否合格，归根到底还是要由酒店在实际用人过程中来进行检验和评判。传统的学校教育往往侧重课堂教学，偏重于理论知识的学习，然而在实际的用人过程中，学生在掌握一定理论知识的基础上，能够拥有良好操作技能和实践能力才更受酒店用人单位的欢迎。因此，旅游院校应依托当地具有一定规模的酒店，积极拓展校企合作，有计划地安排学生前往酒店见习及深入不同岗位轮岗实习，从而实现将理论教学和实践教学相结合，鼓励学生在做中学，边做边学，学、做结合，提高专业技能。

（三）积极开展“第二课堂”活动，全面提升学生职业素质

鼓励学生在课余开展丰富多彩的课外活动，将多样的学生活动纳入到酒店管理专业的教育环节中，并将其与职业能力的培养相结合，通过“礼仪风采大赛”、“星级寝室评比”等不同主题、不同形式活动的开展，将课堂进一步延伸至学生的日常生活，将酒店管理的高标准、严要求融入到学校的日常管理。这一系列活动的开展，有助于学生深入了解行业特点，并使学生的实践能力得到锻炼，潜移默化地培养学生的职业意识，从而全面提升酒店管理专业学生的职业素质。

（四）加强职业道德教育，注重对学生职业意识的培养

职业意识是职业道德、职业操守、职业行为等职业要素的总和。酒店行业隶属于服务业，需要从业人员不但具有专业的职业技能，还必须具备良好的服务意识。酒店管理专业作为酒店行业人才培养的基地，必须注重对学生职业意识的培养，在人才培养的过程中加强职业道德教育，充分利用多样化的公共课、选修课

的开设，帮助学生调整好心态，形成正确的职业定位，养成吃苦耐劳的优良品质，全面提升自身的竞争力，为日后更好地适应工作岗位打下坚实的基础。

三、旅游院校酒店管理专业人才培养设想

基于这样的现状，酒店管理专业的培养应与社会接轨，从以下方面努力：

（一）优化课程，实行“宽基础，活模块，多方向，人本位”的课程设置结构新模式

“宽基础”是指着眼于未来，让学生在从事相关工作时有较宽的知识面。当然这得有一个前提条件，即我们得在保证专业课的基础上拓宽他的知识面。当然酒店专业的专业课及技能课在开设之前要充分进行社会调研，并按照酒店管理行业发展的需要来开设；“活模块”是指适应职业群的需要而设计的知识单元和技能单元，以专业技能为主，以职业技能为导向合理设置课程。酒店管理专业在开设课程时，可以采取模块的形式，根据学生及酒店未来发展趋势来自由选择，可以变换；“多方向”课程设计及开设要考虑学生兴趣所在，根据其兴趣在大一将学生所要学习的所有专业课程全部开设完毕，后两年就要根据学生兴趣不同来选择不同方向的课程来学习；“人本位”是指课程的开设要以完善学生的个体人格为导向。

（二）做好专业剖析，编制教学计划

由于现阶段出现了专业人才与社会脱节的现象，因此酒店管理专业编写该专业的教学计划时一定得符合用人单位对人才培养的要求。做好充分的市场调研，剖析酒店专业人才所需的基本能力，并将实现该种能力所对应的课程罗列出来，再根据“宽基础”的课程设置要求编写合理的教学计划及构建人才培养体系。

（三）加强酒店管理专业教师培训，提高该专业教师综合素质

旅游院校应通过有效途径，把教师输送到一流的酒店实地兼职，从根本上解决教师对行业的认知、解决学生的应用能力薄弱等问题。而且还应该严格教师准入制度，若有可能尽量招聘既有学历又具有本行业工作经验的人员到高职院校任教。

（四）改变传统的课堂教学模式，教学手段和形式要多样化

酒店管理专业操作性较强，必须通过多种教学媒体，以实训、现场教学的形式加以演示。同时，在教学过程中注重团队合作，实行学生自评、小组考评和教

师评价三方相结合的考评体制

（五）加强与跨国连锁酒店集团的合作，保高质量就业的可持续发展

旅游院校应加强与跨国大型酒店集团合作，请酒店管理人员辅助教学共同开发教学计划，请酒店老总进课堂。校企合作的目标是要建立长期稳定的战略合作伙伴关系，跨国连锁酒店集团可以为酒店管理专业提供标准化、规范化的完整的培训。

（六）建立多元化人才培养机制人才培养评价是一个系统，在整个系统中，评估主体是核心

根据利益相关者理论，由于利益要求不同，不同利益相关者对同一评估对象会产生不同的关注焦点，进而得出不同的结论。利益相关者理论为我们理顺高职酒店管理专业人才培养行为、效果与不同利益相关主体之间关系提供分析框架，为构建高职酒店管理专业人才培养评价主体提供理论支持。由于高职酒店管理专业人才培养内容上的多样化和目标上的复杂性，决定了其评价主体应该是一个多元的结构。

参考文献

[1] 游富相. 国外酒店管理专业人才培养模式对国内的启示 [J]. 吉林省教育学院学报，2009，25（6）：117－118.

[2] 裴沛，叶颖，陈念华，申梦瑶，陈李杰. 探析高校酒店管理专业人才培养模式 [J]. 2015.

[3] 李力，沈雅雯。我国旅游高等院校酒店管理专业人才培养模式解析 [J]. 旅游论坛，2011，04（1）：120－126.

[4] 倪雪. 高职院校酒店管理专业人才培养模式探析 [J]. 当代青年，2015（7）：169.

[5] 胡晓玲，黄颖，李向南. 中外高等院校酒店管理专业人才培养模式比较研究 [J]. 经济视野，2013，18（18）：482－483.

职业核心能力评价：三种模式的比较[①]

俞继凤[②]

【摘　要】职业核心能力评价是职业核心能力教育质量的主要保障措施。对美国、德国、英国以及澳大利亚在职业核心能力评价方面的研究发现：各国对职业核心能力均给予了高度重视，通过组织机构甚至从法律层面对职业核心能力的培养加以规定；评价的标准是职业核心能力考核的依据、证据是考核的主要手段，并设有专门的考核认证机构，目的在于确保职业核心能力评价的科学、可行、开放和机会均等。

【关键词】职业核心能力；教育评价；比较

职业核心能力是指人在职业生涯中除岗位专业能力之外的基本能力，是人成功就业和实现可持续发展的关键能力。职业核心能力是当今许多发达国家和地区职业教育和人力资源开发的热点和普遍关注的领域，他们通过组织机构甚至法律层面对职业核心能力的培养加以规定。这样做的主要原因在于，产业结构不断变化以及知识和技术更新周期的不断缩短，从根本上影响了社会职业结构和就业方式的变化，社会最需要的是当职业发生变化或当劳动组织发生变化时，人可以不断适应新的工作岗位和工作方式的能力，即对职业和岗位的转换能力和适应能力。所以，职业核心能力实际是伴随着人终身发展的能力，是从事任何一种职业的劳动者都需要的能力。[1]

---

① 本文系北京联合大学2015年度校级教研项目——酒店管理本科专业“一体两翼三平台”人才培养模式的创新与实践（JJ2015Y030）的部分研究成果，全国教育科学规划项目“世界城市背景下旅游类高职学生核心能力培养研究”（DJA110290）的阶段性成果。

② 作者简介：俞继凤（1971－）女，辽宁凤城人，副研究员。

对于职业核心能力，不同国家在称谓上存在差异，例如德国和澳大利亚称其为“关键能力”，美国称其为“基础能力”，新加坡称其为“基本技能”，英国称其为“核心技能”等等；各国确定的能力项目和数量也有所不同，并在发展过程中表现出不同的特征，但这些并不影响职业核心能力在全球范围内的影响力以及研究和实践。[2]

职业核心能力的评价是职业核心能力的一个重要的研究和实践领域。先进的评价体系和过程能够科学有效地评价人的能力发展状况，是进行职业核心能力教育和培训的重要保障和评价与改进的重要依据。根据各国职业核心能力培养和发展的状况，本文选取美国、英国和新加坡三个有代表性的国家，在分别对其职业核心能力的评价方面进行论述的基础上，综合分析比较各自在职业核心能力评价中的异同。

一、美国

美国是较早对职业核心能力进行研究的国家，迄今已经有五十年左右的时间。在不断的探索和实践过程中，美国提出了工作岗位必备的八项能力：沟通、安全健康和环境、解决问题与思辨、领导力与管理协作、信息科技的应用、敬业与法律责任、商业组织体系、就业能力或事业发展。由美国联邦教育部研究局以及二十多个州的教育部联合成立的全美职业技能测评协会（NOCTI）和技能美国（SkillsUSA，美国的劳动培训机构）共同开发了以这八项职业核心能力为目标的职业发展培训体系。美国对于职业核心能力的评价体现出如下特点：

（一）政府主导开发测评系统

1966年美国联邦教育部研究局以及二十多个州的教育部联合成立了全美职业技能测评协会，简称NOCTI。该协会与职业教育的院校以及工商业界全面合作，广泛收集与工作岗位必备能力相关的各项数据和资料，经过严格的专业程序，形成了最后的工作岗位必备能力测评系统（WRA）。[3]

（二）全过程、多层次、多角度的实证测评方式

WRA采用在线机考的形式，八种能力的题目各占一定的比例，比例最大的是沟通能力，占测评试题的27%；敬业及法律责任比例最小，占测评试题的5%；测评时随机抽取题目。考核内容是依据核心能力标准中的要素及等级的要求进行实践活动设计，每一项考核活动并不只是针对一种能力，而是会融合不同能力的不同要素。通过考试题目能够综合反映学员的能力倾向。

最终的测评分数包括学员在每项能力上的绝对分数和相对分数两种。绝对分数反映学员在测试中个人对错的题目情况；相对分数是以基准数据库为参照，为学生提供非批判性的结果分析，反映出学员的相对水平。

除此之外，职业发展培训的目标就是实践提高能力。所以，在学员的职业发展培训过程中，培训机构还大量运用过程性评价，对学员进行全程考核，更真实地反映学员的能力水平。

（三）测评结果具有权威性，用途广泛

职业发展培训过程评价的结果，直接指导学员及培训机构有针对性地进行改进和提高；WRA 的测评结果，一方面可以使通过测试的学员获得由 NOCTI 和技术美国联合颁发的工作岗位必备能力认证证书——该证书在美国已获得数千家企业的推崇和认可；另一方面，测评结果会由 NOCTI 定期向企业、院校和研究单位发送，作为其用人、教育培训和研究的重要数据参考。

（四）测评系统不断改进

在美国，WRA 是一个持续改进更新的系统。前面我们提到，NOCTI 的测评结果和反馈意见会定期向研究机构发送，NOCTI 和这些研究机构会将其纳入测评的改进和开发中，目的就是能让 WRA 始终能够体现职业和岗位对人的素质需求，使企业和院校以及培训机构都能导向明确，有清晰的用人和育人标准。

二、英国

职业核心能力在英国的发展大概有三十多年的时间。1979 年，英国继续教育处首次对核心能力做出了明确规定。在这三十年的时间里，英国关于职业核心能力的研究一直在持续，主管部门和能力项目也在变化。迄今为止，在英国，已经形成了完备的职业核心能力的标准体系，确定了六种职业核心能力，包括交流、数字应用、信息技术、与人合作、自我学习与提高、解决问题。这六种能力得到了从政府、企业到培训机构和公众的广泛认同。[4]

英国对职业核心能力制定了国家标准体系，每项能力分为 5 个等级，并有明确的标准。学员很容易了解自己目前的状况和学习的目标。[5]在职业核心能力的考核认证方面，英国的做法和特点如下：

（一）确定考核认证机构，统一测评标准

目前，英国已经确定了 21 个核心能力考核认证机构。这 21 个核心能力考核认证机构同时承担职业核心能力培训的职责，研发培训课程。同时，国家统一测

评标准，英国公民只要通过统一标准的测试，就可以获得核心能力证书。

（二）职业核心能力测评的重点有三项

英国确定的六项职业核心能力中，又分为主要核心能力和广泛核心能力两种。其中前三项能力是主要核心能力，即交流、数字应用和信息合作。这三项是英国国家职业资格证书的必修课，属于必备条件，要求相对较高。对职业核心能力的测评，主要也是对与人交流、数字应用和信息技术这三项进行考核。

（三）测评以活动为形式进行证据评估

对每一项能力的考核，需要以实践活动为形式，如社会调查、项目设计、专题讨论等，学员需要收集大量的证据作为被评的依据。这些依据可以是书面的报告、记录、计划、图片等，也可以是设计的作品，取得的证书以及其他企业或人员提供的佐证。在指导教师和评估机构进行评估时，需提供上述材料作为依据。

（四）测评主要采用内部评价与外部评价结合的方式

英国核心能力的测评，尤其是主要核心能力的测评，采用的是内部评估和外部评估相结合的方式。内部评估包括制定计划、搜集证据、评估证据和得出结论四个程序。在这个过程中，首先由学员根据测评标准在教师的指导下制定活动计划，包括如何获取证据的计划，然后以合适的方式收集证据，第三步由评估人员评估证据是否真实、有效和充分，最后给出评价的结论并反馈学员。进行内部评估时，必须依据各能力的要素和评价标准，通过观察、提问、评估证据等方式综合评价。

外部评价是以国家职业核心能力标准为依据进行的考试，分级设置，采用书面或人机对话的形式进行，包括多项选择和问答题，在规定时间内完成，不同能力测试分设不同的及格线。

无论是内部评价还是外部评价，标准、信息和方法都是公开的，评价的结果分为优秀、良好、及格和不及格。考核合格者就可以获得核心能力证书。

三、新加坡

新加坡的知识经济发展与职业教育一直以来都是相辅相成、相得益彰的。

2003 年，新加坡成立了 WDA（劳动力发展局），着力发展和提高知识经济下从业人员的就业能力和竞争力。该组织在 2004 年启动了 WSQ（新加坡劳动力技能资格系统），在该系统中，明确了通用于各行业各层次从业者的就业技能体系，即求职和转换工作中必须具备的十项基本技能，包括工作读写和计算能力、信息与通信技术、解决问题与决策能力、积极进取与创业精神、沟通和人际关系管理、终身学习、全球化意识、自我管理、与工作相关的生活技能、健康与工作环境的安全。新加坡对于劳动力技能资格的评价具有如下特点：

（一）政府强力主导、整个社会全面参与

在新加坡，WDA 的主要任务就是提高任职者和求职者的工作效率，改善其工作能力，全面提升整个国家的劳动力素质。由 WDA 出台的 WSQ 是由 WDA 联合了雇主联合会、工会、产业联合会、技术学院、培训机构以及政府相关部门一起完成的。WDA 还制定了一整套的制度和标准，对培训机构、企业内部培训及职业技术学院的培训资格、课程设计以及质量评价进行认定。能够进行 WSQ 培训的机构，是对其培训能力的认可。所以，政府的有力主导和全社会的参与能够确保 WSQ 的有效实施。

（二）培训和认证同时完成

新加坡的 WSQ 对每项能力均给出了标准，并对每项能力进行层次分解，每个层次的能力通过何种方法及途径来培养也都非常明确。学员边学习边考核，培训和认证同时完成。完成了一个能力模块，就能获得相应的资格证书。例如读写能力，根据岗位分级、特征及需要，共设置业务、监督、管理三个层次，分别对应初级、中级、高级三个标准。学员参加培训前，对其进行前测，选择合适的层次进行培训。在培训过程中，学员根据所达到的标准获得不同层次的合格证书，证明其在读写方面的能力水平。

（三）考核认证证书具有权威性

在新加坡，职业核心能力的证书分为两种，一种是合格证书，即前面我们提到的单一能力模块通过考核就可以获得的证书；另一种是职业预备证书，当获得 WQS 所要求的 10 项通用能力的合格证书后，即可以获得职业预备证书，表明其具备了基本的就业能力和广泛的职业适应能力。职业预备证书在新加坡具有权威性，是所有雇主都认可的能力资格证书。

四、三种模式的比较分析

从前面的论述中不难看出，三国在职业核心能力的项目确定上虽不完全一致，但有很多共同之处，所有的能力项基本可以分为职业社会能力和职业方法能力两种。而且各国对职业核心能力的理解是一致的，即所有职业和岗位都需要的最基本的能力，是适应职业改变和从业者持续发展必备的能力。

在对于职业核心能力的评价方面，首先，三种模式中，政府都给予了高度的重视。政府的高度重视体现在政府对该项工作的主导地位，机构和制度的建设以及组织开展的理论研究和实践应用。政府的重视不仅直接决定了国家职业教育和培训的改革和方向，而且直接关系到核心能力的社会影响力和认可度，保证了相关证书的权威性。特别是新加坡，从法律层面对职业核心能力做出了规定，更加强了职业核心能力测评的权威性和证书的广泛应用。第二，三种评价模式中，都有统一的国家评价标准。通过前面的介绍我们知道，三国的职业核心能力评价标准都是在政府的主导下，集中全国范围内的力量进行研究和得出的，并用于评价的实际工作中。特别值得一提的是美国，NOCTI 在有了统一的测评标准后，仍特别关注评价结果的分析，并在此基础上不断完善评价系统。第三，三国职业核心能力的评价均以实证为手段，即以实现测评包的要求完成考核。第四，上述三种模式除了都非常关注职业核心能力评价的政府主导、统一标准、实证考核以及证书制度之外，都非常注重培训过程中运用过程性评价的方法进行全程考核。过程性评价有利于真实反映学员的水平和问题，对于有针对性地改进教与学，提升培训的效率，提高学习的效果，意义重大。

在评价的过程中，三种模式的不同体现的较为明显。首先，各项核心能力在评价中的地位上会有所差异，美国的八项能力各占一定的比例，英国将前三项能力确定为必考内容，不同能力设置不同的及格线，新加坡在各核心能力项上没有做区分；其次，美国和英国都采取过程考核和后测的评价方式，新加坡是培训和认证同时完成的方式；另外，三国都采用了证书制度，但在证书的设计和授予上也有所不同，美国八项能力的综合测评，合格后获得工作必备能力证书，英国通过内部考核和外部考核的综合测评，合格者获得职业核心能力证书；与美国和英国相比，差异较大的是新加坡，新加坡采用的是单项能力测评的方式，每通过一个单项能力测评，获得一个单项能力证书，当全部获得十项核心能力单项证书后，授予职业预备证书。

五、讨论和结语

职业核心能力为所有就业的人提供了职业生涯以及适应可能变化的职业和岗位所应具备的基本能力，是从事任何一项工作都需要的能力，具有普适性。从 1972 年德国率先提出在职业教育中，除专业能力外，应特别强调方法能力和社会能力两项“关键能力”之后，有关的实践和理论探索在美国、英国、新加坡、荷兰、瑞士、日本等诸多国家迅速展开。考核评价是职业核心能力研究的重要课题，高度重视考核认证体系的开发，科学有效地进行评价是保证能力培养效果的有效途径和可靠保证，各国也已经取得了很多成果。美国、英国和新加坡在职业核心能力的发展中具有鲜明的个性，在职业核心能力评价方面的做法值得借鉴。

参考文献

[1] 什么是职业核心能力. http://www.hxnl.cn/a/hudong/peixunzhinan/2011/1029/345.html

[2] 刘楚佳. 职业核心能力的内涵分析及培养 [J]. 教育导刊，2011 (5).

[3] 童山. 职业核心能力培养探索 [J]. 深圳信息职业技术学院学报，2011 (4).

[4] 戚文革，孙文武，赵洪成，王鹏. 英国职业教育的核心技能标准体系 [J]. 中国冶金教育，2006 (05).

[5] 邵艾群. 英国职业核心能力开发研究述评 [J]. 教育学术月刊，2006 (9).

教学模式改革与创新篇

“融入工作场景的 PBL 教学模式”在酒店管理本科教学中的探讨①

裴正兵② 俞继凤③

【摘 要】酒店管理本科专业传统的课程教学模式存在一些问题与不足，需要大胆吸收和借鉴先进的教学经验与模式，进行专业课程教学模式的改革与创新。“融入工作场景的 PBL 教学模式”在吸收传统 PBL 教学模式优点的基础上，融入了“工作场景”式教学，能够显著提高酒店管理本科生培养质量，更好地实现酒店管理专业本科生人才的培养。

【关键词】工作场景；PBL；教学模式

引 言

酒店管理本科专业作为一个实践性很强的专业，对专业教学的要求很高。我国酒店管理专业本科生的人才培养目标一般为“培养能够从事酒店一线工作，并且具有发展潜质和创新能力的酒店中高级管理人才”。酒店管理本科专业的人才培养目标决定了教师在专业课程的讲授中，一方面要培养学生的职业服务与操作技能；另一方面还要培养和提高学生发现问题、分析问题和解决问题的能力。

目前从全国范围来看，多家已开设酒店管理专业的院校，虽然在教育教学中进行了一些改革，但酒店管理本科专业的课程教学模式仍存在一些不足。这些不

---

① 本文系北京联合大学 2015 年教育教学研究与改革项目“融入工作场景的 PBL 模块化教学方式研究”（JJ2015Y075）和酒店管理本科专业“一体两翼三平台”人才培养模式的创新与实践（JJ2015Y030）的阶段性成果。

② 裴正兵，北京联合大学旅游学院酒店管理系副主任，副教授。

③ 俞继凤，北京联合大学旅游学院酒店管理系，副研究员。

足或者问题直接或间接地影响了人才培养目标的实现。因此，大胆吸收和借鉴先进的教学经验与模式，进行专业课程教学模式的改革与创新，更好实现酒店管理专业本科人才培养目标，就显得非常必要。

一、酒店管理本科专业课程教学现状与问题

在实际的酒店管理本科教学过程中，目前国内在对学生专业知识与能力的培养中，基本表现为三种不同的模式。

第一种模式表现为：在酒店管理本科教学中，大量借鉴酒店管理高职教学，非常重视对学生专业技能培养。教师在课堂上着重讲授酒店的对客服务技能，要求学生严格按照要求进行技能的学习与操作，将本科生等同于高职生一样，轻视了对专业理论的学习和探索，忽视了对学生自主学习、主动探索新知识和技能的培养。

尽管酒店管理本科生在进入酒店业后，刚开始要从基层的实践操作岗位做起，但是其培养定位于酒店的中高层管理人员，对学生的职业素质和职业能力的培养有更高要求，这种混同于高职学生的教学方式显然不能满足本科的培养目标和教学要求。

第二种模式表现为：在酒店管理专业课程教学中，重点借鉴普通经管类本科专业课程教学方式。在课程讲授中，以专业知识的传授为主，忽视或轻视对学生服务技能的培养。这种倾向认为对客服务技能很简单，没有必要放在专业课程的教学中，学生在酒店对客的实践中能够轻易掌握。由此，造成的结果是酒店管理本科学生的实践能力不足，进入工作岗位后，因为缺少必要的服务技能和应对顾客需求的能力而很难较快进入角色。

第三种模式表现为：上述两种模式的问题显而易见，在此基础上，不少院校也有意识地进行一些教学改革，希望能够在本科教学中兼顾学生理论和实践能力的发展。但实际情况是，受制于教学计划和实际操作的难度，大多数酒店管理本科教学实际的改变不大，传统的以授课为基础的教学方式比例仍旧很大。此种教学方式侧重于理论知识的传授，学生往往是在机械地模仿教师向他们传授的技能，忽略了学生对知识的理解与创新，并且强调统一的教学与考核评价模式，严重限制了学生学习的积极性、主动性和创造性，进而制约了学生的个性化发展。而且，酒店管理专业课程的教学活动通常在普通教室进行，学生很难将所学习的专业理论知识与未来的工作场景联系起来，缺乏将所学理论知识能动地应用于实

际酒店服务与管理工作中的能力。

酒店工作最大的特点就是面对不同的客人需要提供标准化加个性化的服务。影响客人对酒店评价的因素有很多，除了受客人自身的素质、兴趣爱好、性格特征等因素影响外，工作人员对日常服务和突发事件的处理能力，是影响客人印象的关键之处。这就要求酒店员工必须具有较强的应对和应变能力。而这些在上述传统的课堂教学模式中是无法完成的。

二、传统 PBL 教学模式优点与局限性

PBL 即“基于问题的学习”教学模式，是一种可供选择的的现代化教学模式。PBL 教学模式起源于美国 20 世纪 50 年代中期的医学教育领域。当时，针对传统医学教学方法单纯注重知识传授，忽视学生各种技能培养的弊端，美国神经病学教授霍华德·巴罗斯（Howard Barrows）设计了一系列超越常规案例研究的问题。他不是把所有知识灌输给学生，而是要求学生研究一个具体的病例，提出恰当的问题，并自己拟定解决问题的方案。这样不仅使学生加深对各种可应用的医疗工具的了解，而且使学生日益精通“临床推理过程”，并在此基础上形成一种新的教学模式。1969 年霍华德·巴罗斯在加拿大麦克马斯特大学医学院（McMaster University Medical School）开始实行这种新的教学模式[1]。

“基于问题的学习”不仅在世界范围内的医学教育中得到应用，并逐渐被其他教育领域所采用，如高等教育、基础教育、各种专业教育，以及成人教育等领域。目前，已成为国际上较流行的一种教学方法。相对于其他的教学法，PBL 教学模式具有以下几方面的主要优点[2],[3]：

第一，以问题为学习的起点。教师所提出的问题都是学生在其未来的专业领域可能遇到的“真实世界”的非结构化的问题，能够引起学生的学习兴趣。同时这些问题的解决都必须要求学生经过查阅相关资料、经过小组讨论等途径寻求解决的办法，能够有效提高学生学习的积极性与主动性。

第二，把学习设置到复杂的有意义的问题中，通过学生的自主探究和合作来解决问题，从而学习隐含在问题背后的隐性知识，形成解决问题的技能和自主学习的精神。

第三，以学生为中心，强调学生的主动学习，而不是传统教学中的以教师讲授为主。学生主要通过小组合作学习与自主学习相结合的方式，寻求问题解决的方法。

第四，教师角色的转变。教师不再是课程学习的主角，由教学中的主体地位转变为学生学习过程中的引导者、指导者和评价者。

这种传统的PBL教学模式尽管存在以上诸多优点，但是在应用方面存在一些局限性。传统PBL教学模式的局限性集中表现为主要适用具有研究性、探索性的专业课程。在这种研究性、探索性的课程教学中，主要培养学生发现问题、解决问题的思路与能力，基本上不涉及服务态度、专业技能等专业实践技能的培养与训练。

但是，酒店管理专业的课程教学，既要培养学生发现问题、解决问题的思路与能力，还要培养学生适应于未来酒店工作场景的专业素质与技能。因此，需要对传统的PBL教学模式加以创新，以适应酒店管理本科专业的教学要求，取得更加理想的教学效果。

三、融入“工作场景”的PBL教学模式理论基础与场景类型

在PBL教学模式中融入“工作场景”的思路与理论基础是情景学习理论与情景式教学。

从20世纪80年代开始，美国著名教育心理学家Brown Collin和Duguid在他们的论文《情境认知和学习的文化》中首次详细叙述了情境认知和情境学习，从此情境学习作为一种获得知识的一般理论和正在形成中的教学模式引起了广泛的关注[4]。

情境学习理论认为知识具有情境性，而且是其被应用的文化、背景及活动的部分产物，知识是在情境中通过活动而产生的；学习是一种学习者在某一情境中与他人及事物相互作用中提高能力。情境学习的支持者倡导以两种途径学习知识和技能：一是重视一般技能的教授，使之迁移到多种情境中去；二是强调在应用情境中教授知识与技能，强调知识必须在一定的背景中学习，这种背景可以是真实工作环境，也可以是真实工作环境的高度模拟替代。

苏联教育家达尼洛夫提出了建立某种问题情境进行教学的方法，主张把教师的讲授与学生的积极思维结合起来，主动探求知识，设计了“教师提出问题——学生积极独立活动——教师把学生引入下一个新问题”的教学模式[5]。这种问题情境就是解决问题的背景。教师应尽可能地在课堂上创设若干有利于学生对知识深层理解的问题，从较高的起点激励学生的思维，以培养其思维的深刻性。

酒店管理专业课程学习的最恰当的情境环境是学生未来将要面对的“工作场

景”。如果能够让学生在工作场景中进行学习，既克服了传统课堂学习环境的单调性，使学生能够获得更佳的环境氛围体验，增强学生学习的趣味性，还可以使学生充分感受到学习专业知识与技能的必要性和重要性，使学生的学习由被动接受式向主动探索式学习转化，充分调动学生学习知识与技能的积极性、主动性与创造性，显著提升教学效果。

而且，当学生置身于特定的工作场景学习中时，对于自身所经历的事件会留下更加深刻的印象，还可以促进其进行学习与反思，进而形成有关的感觉、联想、技能、知识及思想，更便于学生将所学习到的知识与技能应用于未来相似的工作场景之中，显著提升教学效果[6]。

在酒店管理本科教学中，融入教学模式的中“工场场景”主要有两种类型：

（一）现实工作场景

现实工作场景就是实现中经营的酒店的工作场景。现实工作场景的最突出的优点就是真实性，有着真实的顾客等待学生去服务，有着真实的职业工作场景供学生去体验与学习。现实工作场景的长处是能够充分考验学生对专业知识与技能的理解与掌握程度，能够充分培养学生的即时应变与解决问题的能力。

但是，在实现工作场景中教学也有特定的要求，需要学生在掌握基础的专业知识与技能后，才能适应现实工作场景的要求，这对于刚接触专业知识与技能的本科生很难达到。同时，学生在真实工作场景实践学习时，不允许出现较大的失误，而且学习特定知识与技能的场景还难进行重复式教学。因此，为完成专业课程的教学要求，还要同时配置虚拟工作场景。

（二）虚拟工作场景

虚拟工作场景实际上应是虚构一个工作场景。传统虚拟场景主要借助实物工作道具来实现。近年来，随着虚拟现实技术的发展，传统的虚拟场景也逐渐发展为利用计算机、通信、数字等现代信息技术创造出来的数字化场景。目前作为建立虚拟场景最新兴的虚拟现实技术，涉及计算机图形学、人机交互、人工智能等学科的综合技术，利用这些技术可以生成一个逼真的三维视觉世界。对于酒店管理专业学生来说，在虚拟工作场景中，最适宜开展角色扮演场景式教学。

这样的虚拟场景使场景更具有沉浸感、交互性和想象力。利用这样虚拟场景技术，可以建立酒店的现代虚拟工作场景实训室，完成相应的模块化教学实践活动。

通过这种几乎接近真实感觉效果的虚拟工作场景环境，更能够接近实际的工作场景，使学生能够更好的接近于体验真实工作场景的氛围，获得更好的技能学习与职业认知思考。并且，专业教师对于虚拟工作场景具有掌握能力，为使学生完成特定知识与技能的学习，可以进行重复式教学，使学生可以从自身或他人的失误或错误中学习，增强学习的针对性和适应性。

四、融入“工作场景”的PBL教学模式的设计与组织

融入“工作场景”的PBL教学模式是PBL教学与“工作场景”式教学的有机结合，基本的教学流程与主要环节包括：

（一）专业课程模块开发

专业课程开发以满足酒店对中高级管理人才需要与酒店管理专业本科人才培养目标，设计出融入“工作场景”PBL教学模式的专业课程模块。课程的出发点是岗位工作环境，基本步骤包括任务分析、工作分析与课程设计。在课程模块开发课程的时候，逐级细分成若干子模块，每个细分的子模块形成一个相对独立的教学单元，各子模块有清楚的起点与终点。

例如，针对酒店服务与经营工作岗位，可开设前厅服务与模块、客房服务与管理模块、餐饮服务与管理模块。针对酒店管理工作岗位，可以开设酒店营销管理、酒店人力管理和酒店财务管理等课程模式。客房服务与管理模块可以细分成客房清洁服务与管理、公共区域保洁服务与管理、客房设备操作保养与管理、洗衣服务与管理子模块，构成独立的教学单元。

（二）确定专业课程学习目标

课程学习目标是指学生通过专业课程的学习活动需要达到的结果或成绩。确定课程学习目标是PBL教学活动的准备环节。在教学活动开始之前，教师首先要帮助学生确定学习目标，然后组织学生以此目标为起点开展自主性学习活动。课程学习目标从内容上来说，应包括知识目标、技能目标和场景目标；从呈现上来说，应能反映课程标准的要求，体现课程学习的重点和难点，符合学生的未来发展的要求。

学生有了明确的学习目标，知道自己需要学什么，学习应达到什么标准，以及如何达到这些标准，这样可以增强学生学习的目的性，同时学习目标的确定应在学生的参与下进行，这样可使学生对学习目标产生认同感，从而有益于激发他们学习的主动性。

（三）专业课程基本知识与技能讲授

专业课程基本知识与技能讲授是学生开展场景式自主探索式学习的基础。对于酒店管理本科生来说，由于其对于专业知识与技能没有基本的了解，让其完全进行自主式学习，很难实现课程学习目标和达到理想的教学效果。因此，在刚开始还需要以教师讲授为主，当学生对专业课程的基本知识与技能有了一定了解的时候，再进行以问题为目标，以场景为手段的自主式、探索式学习。

（四）创设工作场景与问题

创设问题与工作专用境实际上就是依据学习目标，在学生掌握课程基本知识与技能的基本，教师围绕学习目标与内容，创设一定的工场情境，学生在分析场景的基础上，确定自己所要研究的问题。也可以是学生自己对某种现象或某个提出的问题，并在教师的帮助下对问题进行界定，从而进行相应的研究。例如，在酒店前厅课程的教学中，教师可以提出“如何接待醉酒客人”这样的问题，让学生进行工作场景细化设计，并探索解决问题的方式和注意事项。

（五）探究解决问题的方案

学生探究问题的解决方案是 PBL 教学模式的中心环节和重要阶段。在这一阶段，学生在教师的引导下主动地、自主地、创造性地开展探究学习活动。

学生通过各种途径收集与问题相关的新信息，并对所收集的信息进行分析、整理、评价，把整理后的新信息与原有信息（即已有的课程基本与技能）进行整合。在这一过程中，学生学习以小组为单位，相互之间进行讨论、研究、交流、质疑、辩论，教师进行辅助式的指导。经过这一系列的活动，学生形成针对工作场景中的相应问题的解决方案，并且获得对知识的理解、整合与内化。这一过程，对培养学生的自主式学习能力与创新能力非常重要。

（六）虚拟工作场景展示研究成果

在问题得以解决之后，每个小组向全班同学展示本组的研究成果。小组在报告自己的成果时，需要进行工作场景的布置，然后以合理方式，利用不同的工具和技能，展示他们对所研究问题的理解与解决方案。例如，在虚拟出前厅工作场景的基础上，学生可以通过角色扮演方式，通过现场表演，展示出“如何接待醉酒客人”。

每小组于一段时间内进行技能训练，其他小组的学生在旁边观看，这样既可以及时发现学生在实际操作时的不足，而且可以参与评价，相互之间取长补短，相互学习与提高。这样的成果展示活动既可以被教师用来评价学生对有关内容和技能的掌握水平，也可以增强学生对特定问题的理解和解决能力。

（七）现实工作场景体验式学习

由于学生未来的工作场景是在顾客的参与下进行的，由于顾客需求具有多样性和易变性，使现实工作场景变得难以预测与完全虚拟。为了更好地培养学生对专业知识与技能的理解与应用，还需要学生在酒店现实工作场景中，再进行专业知识与技能学习。这时，学生将面对现实的顾客多样化的需求与问题，即时构成出解决问题的方案。这对于培养学生未来酒店工作中所需要的临场应变能力和创造性解决问题的能力非常关键。另外，学生在现实工作场景中的体验式学习，还可以发现自身在学习方面的不足与问题，使未来的学习更有动力与针对性，实现“学以致用、以用促学”的目的。

当然，由于进行专业课程学习的学生还缺乏足够的应对现实工作场景的知识与技能，除了给学生学习配备专业课程教师外，还需要在酒店中选择实践经验丰富、专业技能突出的酒店工作人员，作为专业课程实践指导老师，还要即时地指导，帮助学生解决课程实践遇到的困难与疑惑，显著提高课程学习效果。

（八）课程学习评价与反思

专业课每次的场景体验式、问题探索式的学习活动结束后，要对学习活动的结果进行评价和反思。评价与反思的内容主要有探索方法的科学性、探索过程中的参与度、学生合作意识与态度、学生自身的体验感受、问题的解决情况、学生的发展与提高情况等。

学习活动评价方式既可以包括教师对学生的评价，也可以包括学生之间的互相评价。通过全方位、多样化的评价与反思，既能够使学生发现通过自身努力学习所取得的成果，还能使学生发现在学习中存在的不足和进一步学习的方向与途径。

五、结语

综上所述，融入“工作场景”的 PBL 教学模式在吸收 PBL 教学模式优点的基础上，融入了“工作场景”式教学，能够显著提高酒店管理本科生培养质量，切实完成酒店管理专业本科生人才培养目标，是对酒店管理本科专业课程教学模式改革的有益探索。

参考文献

[1] 周忠信，陈庆，林艺雄，赵善超，周杰. PBL 教学模式的研究进展和现实意义 [J]. 医学与哲学（人文社会医学版），2007（8）：72 -74.

[2] 赵君英. 基于问题式学习模式：内涵、特征、优势 [J]. 黑龙江教育（理论与实践），2015（05）：91 -92.

[3] 刘伟超，吴立朋，袁维，彭晓炜. 基于问题式学习初探 [J]. 时代教育，2015（2）：27 -29.

[4] 庄西真. 中等职业学校专业技能课“工作场景教学模式”初探 [J]. 职教论坛，2008（2）：31 -34.

[5] 张明艳. 问题式互动教学场景的构建. 中学生物学 [J]，2013（7）：28 -29.

[6] 钟启泉. 场景式教学：一种新的教学方式—日本教育学者多田孝志教授访谈 [J]. 全球教育展望，2008（6）：3 -6.

Discussion on the integrating "Workscene" with of PBL in Undergraduatehotel Management Education

Abstract: At present, there are some problems and shortcomings in the traditional course teaching mode of hotel management undergraduate course, need to absorb and draw lessons from advanced teaching experience and mode, and explore and innovate the teaching mode of specialized course. The "working scene" PBL teaching mode can significantly improve the quality of hotel management undergraduate education, and complete the hotel management professional undergraduate education objective seffectively.

Key words: Work Scene　PBL Teaching Model

研究型教学模式在酒店管理课程中的实践与思考

李春颖①

【摘　要】研究型教学是针对传统教学弊端提出的，以培养学生综合素质为目标的一种新的教学理念和教学模式。本文简要介绍了研究型教学模式在国内外的发展及其意义，分析了研究型教学模式的内涵和基本特征，并对研究型教学模式在酒店管理课程中的运用进行简要分析。

【关键词】研究型教学；酒店管理；教学改革

ABSTRACT：Research - based Teaching is put for wand against the drawbacks of traditional teaching, focusing on the comprehensive quality of students. This paper reviews the history of the Research - based Teaching and its importance; analyses its concept and characteristics; describes its application in the courses of Hotel Management.

KEYWORDS：Research - based Teaching; Hotel management; Teaching reform

1. 研究型教学模式在国内外的发展

19 世纪初，德国著名教育家洪堡最早提出了教学与科研相统一的原则，为研究型教学模式的发展奠定了基础。20 世纪 50、60 年代，美国著名教育心理学家布鲁纳提出了著名的“发现教学模式”。他认为，教学过程就是在教师引导下学生发现的过程，学生要像数学家那样思考数学，像历史学家那样思考历史，要

① 北京联合大学旅游学院酒店管理系，讲师。

成为一个发现者，应鼓励学生发现自己猜想的价值和可修正性，培养学生运用心智解决问题的信心，培养学生的自我促进[①]。"发现教学模式"很好地诠释了教学过程的本质，引发人们对研究型教学的思考。20 世纪 70 年代，美国研究教学专家萨奇曼正式提出了研究训练教学模式。他认为学生会本能地对周围新奇事物产生兴趣，并想方设法弄清这些新奇事物背后究竟发生了什么，这是一种进行科学研究的可贵的动力。他指出，教学就是要促使学生对为什么事情会如此发生产生强烈的疑问，并能合乎逻辑地主动搜集资料并对资料信息进行加工处理，进行创造性的思考，找到为什么事物就像现在这种样子的答案。[②] 由此，研究型教学理念开始广泛使用。

1998 年，美国博耶委员会（Boyer Commission）出台了《重建本科教育——美国研究性大学蓝图》的报告[③]，对研究型大学教育提出了建议。博耶委员会总结了美国研究型大学教学的经验教训，提出教学应与研究相结合，学生的学习应基于研究，建立以研究为基础的教育模式，学生与老师一样都是知识的探索者、构建者，他们需要教师能与他们一起探索知识，给予他们更多的研究机会。研究型教学模式在许多世界知名学府受到重视并被广泛应用。以美国高校为例，虽然美国高校 83% 的教师在课堂教学中主要采用讲授法进行教学，但在整个教学过程中都渗透着研究型教学的方法，如积极引导学生参与教学过程，开设研究性课程，引导学生积极主动地参与科研活动等。[④]

在我国，研究型教学也逐渐受到重视。1999 年国务院批准的《面向 21 世纪教育振兴行动计划》强调指出"积极推进高校的教学改革"，"高等学校要跟踪国际学术发展前沿，成为知识创新和高层次创造性人才培养的基地。"[⑤] 2005 年教育部颁发了《关于进一步加强高等学校本科教学工作的若干意见》，提出"高校要积极推动研究型教学，提高大学生的创新能力。"[⑥] 由此可见，研究型教学模式是大学对培养创新型人才社会需求的响应。但尽管如此，研究型教学模式在

---

① 彭先桃. 大学研究性教学的理念探析［J］. 教育导刊，2008（3）.

② 汪旭晖. 大学实施研究型教学模式的实践与思考［J］. 吉林省教育学院学报，2009（6）.

③ The Boyer Commission on Educating Undergraduate in the Research University. Reinventing Undergraduate Education: A Blueprint for America's Research Universities［EB/OL］. http://www.sunysb.edu/press/021006 - Boyer, 2002 - 10 - 06

④ 汪旭晖. 大学实施研究型教学模式的实践与思考［J］. 吉林省教育学院学报，2009（6）.

⑤ 教育部. 面向 21 世纪教育振兴行动计划［Z］. 教高［1999］1 号

⑥ 教育部. 关于进一步加强高等学校本科教学工作的若干意见［Z］. 教高［2005］1 号

我国高校教学中的应用还处于初级阶段，各种实践与理论仍处于探索时期，本文仅对研究型教学模式在酒店管理课程中的运用进行浅析。

2. 研究型教学模式的内涵

2.1 关于研究型教学内涵的研究

目前国外有关研究型教学内涵的研究主要有以下几点：美国国家科学院1996年推出的《国家科学教育标准》中区分并界定了探究和基于研究的教学。“探究指学生用以获取知识、领悟科学家的思想观念、领悟科学家研究自然界所用的方法而进行的各种活动。”① 美国研究型大学本科教学强调：“教学应与研究相结合，学生的学习应基于研究，建立以研究为基础的教学模式。学生与教师一样都是知识的探索者、建构者，教师与学生一起探索知识，给予学生更多的研究机会。”②

国内对研究型教学内涵的界定主要有：韦宝平（2003）认为“研究型教学模式是指教师以课程内容和学生的学识积累为基础，引导学生创造性地运用知识和能力，自主地发现问题、研究问题和解决问题，在研讨中积累知识、培养能力和锻炼思维的新型教学模式。”③ 崔军（2008）认为“研究型教学模式可以概括为：坚持以人为本，以学生为中心的原则，以全面、协调、可持续的科学教育发展观为指导，把教学与科研有机结合，把人才培养与学科建设有机结合，把学习、研究、实践有机结合，让学生有更多的机会参与研究，以培养高层次、复合型、多样化的高素质创新型人才，体现始于问题、基于发现、体现创造性特色的一种教学模式。其具体内容应包括教学理论、教学目标、操作程序、师生互动、教学策略、考试与评价等方面。”④ 贺定修（2003）认为“高校研究型教学是以培养学生的创新精神和创新能力为目的，立足所学，从实际背景和问题出发，创设问题情境，在教师的引导下，确定课题，通过观察、实验、分析、归纳、猜想、论证、社会实践等方式进行学习。从问题的提出，方案的设计与实施，结论的得出与论证，整个知识的发生过程都是由学生自己探索研究完成。整个过程是

---

① ［美］国家研究理事会，戢守志等［M］. 科学技术文献出版社，1999：30.

② 伍红林. 从《博耶报告三年回顾》看美国研究型大学本科生研究性教学［J］. 高等工程教育研究，2005（1）.

③ 韦宝平. 创新教育视角下的研究型教学［J］. 江苏高教，2003（4）.

④ 崔军. 高校研究型教学模式及其教学活动探析［J］. 高等理科教育，2008（1）.

一个重过程、重应用、重体验、重全员参与的过程，具有主体性、合作性、研究性、开放性和创新性。”① 李乐山（2008）认为“研究型教学是教师带领学生以探索未来或未知问题为主，主要培养训练未来人文社会观念和全面能力（简称PHA 教育模式），传授知识是第二位的。研究型教学应该以研究项目驱动教学，以实际探索的课题或项目为提纲，教学方法主要采用讨论式、探索式、开放式、调查分析等方法为主要形式。”② 汪霞（2007）认为“研究型教学的内涵是丰富的，根据‘研究’侧重点的不同可分为以下几方面：研究领先的教学、研究取向的教学、研究为本的教学、研究支持的教学。”③ 张颖（2009）认为“本科研究型教学是针对传统教学弊端提出的，在大学本科教育中以培养学生的综合素质，尤其是学习能力、实践能力和创新能力为目的，以课程内容和学生的学识积累为基础，以教师和学生的研究为前提，以教师创设问题情景、激发学生兴趣、引导学生创造性地运用知识和能力，自主地研究和探索问题为途径，最终使学生有所发现、发明和创造的一种新的教学理念和教学模式。”④

笔者认为研究型教学的核心在于改变传统教学中教师掌握知识——传授知识——学生被动接受知识的模式，突出学生自己思考问题、解决问题的能力，形成教师引导学生探索知识——教师、学生共同研究、学习——学生主动获得知识的模式。

2.2 研究型教学模式特征

研究型教学是一种以师生共同研究、学习为核心的教学模式，主要具有以下几方面特征：

2.2.1 以“研究”为基础

传统教学以教师传授知识为主，而研究型教学核心在研究。正如洪堡所言：“大学教授的责任并不是教，学生的职责也不是学，而是从事研究，教师应诱导学生研究的兴趣，进一步指导学生研究。”⑤ 这要求教师的“教”是研究性的，教师要把研究的思想、方法引入教学活动，通过自身研究获得知识高度，从而在教学过程中起到把握方向、指导学生的作用。学生的学习过程也改变以往只用耳

---

① 贺定修. 高校实施研究型教学的思考 [J]. 信阳师范学院学报，2003（5）.

② 李乐山. 高等学校进行研究型教学的方法与意义 [J]. 西安交通大学学报，2008（1）.

③ 汪霞. 大学研究型教学中的“研究”[J]. 教育发展研究，2007（11B）.

④ 张颖. 本科研究型教学现状调查研究－基于 A 大学教学现状的调查分析 [D]. 华中师范大学硕士学位论文，2009.

⑤ [英] 约翰·亨利·纽曼. 大学的理念 [M]. 贵州教育出版社，2003：158.

朵听的状态，而要全身心投入研究过程，提高自己提出问题、分析问题、解决问题和评价问题的实际操作能力。

2.2.2 明确学生的学习主体地位，不忽视教师的主导地位

传统教学单纯强调教师的主导作用，而忽视学生在学习中的主体作用。学生很难根据本人的兴趣和基础选择相应的学习内容，教学活动缺乏针对性。而在研究型教学中，自始至终都需要学生的参与和积极的探索活动，学生真正成为了学习的主人。在研究型教学过程中，尽管师生双方共同处在问题的同一水平线上，但由于教师在知识层次、实践经验、思维能力等方面占有优势，教师始终处于主导的地位，要起到组织、引导、启发等作用。

2.2.3 教学过程的民主化

提倡教学过程的民主化，明白教师是导师，也是学习伙伴，在平等的教学关系中实现师生互动、教学相长。教师不再是讲台上的圣人，学习知识的过程不应是“唯老师”，而应是“唯真理”。对于真理的探询，学生可大胆提出自己的看法，以科学的方法去证实创新的思想。提倡和鼓励争论，允许怀疑，不求答案的唯一性。

2.2.4 重视教学方法

传统教学侧重传授知识，“授之于鱼”，而研究型教学不仅要“授之以鱼”，而且更要“授之以渔”，更侧重于培养学生的学习能力，包括培养学生学习方法和激励学生自主学习的热情。传统教学中教师的教学方法，主要采用“满堂灌”的填鸭式教学，立足于教师单方面的输出作用，忽视输出后学生的反馈效果。而研究型教学以问题为核心，其过程就是发现问题、分析解决问题的师生共同合作的活动，重视多种教学方法的综合运用。

2.2.5 教学目标的多元化与教学过程的灵活性

倡导教学目标的多元化，不仅要传授知识，而且要重视培养能力、训练思维，尤其是创新能力和创新思维的培养。研究型教学的内容与手段是不确定的，是随着课题或案例的变化而变化的，而且涉及到课题中的具体问题，学生往往会依据自己的观点立场发表见解。面对教学过程中随时出现的不确定因素，教学工作必须随时做出调整，对不可预测的因素，创造性地加以解决，以适应学生个性的发展。因此，研究型教学具有灵活性、多样性与个性化等特点。

2.2.6 评价体系的全面性

研究型教学改变传统教学重最后考试成绩而不重过程的评价方式，评价贯穿

研究型学习的全过程，对学生在学习过程中表现出来的创造性和闪光点及时予以评价。

3. 研究型教学模式的意义

3.1 转变教学观念的需要

传统教学中讲台是老师一个人的舞台，老师就代表了知识的权威，“老师讲、学生听”是一贯的课堂教学模式。课堂教学要求也是学生认真听讲、认真记笔记，课下认真复习、记忆。整个教学过程很难看到有学生主动思考、质疑和创新的机会。这种教学方式很好地实现了知识的传承，但却难以培养出有思想的、敢创新的人才，而这类人才正是我们社会最需要的人才。因此，开展研究型教学是转变教学观念的需要。

3.2 因材施教的要求

目前在校的大学生基本上都已经是90后的学生了，他们表现欲强、参与意识强。并且这代学生是在信息时代成长起来的，他们通过互联网等渠道获取的知识和信息不仅内容丰富而且更新速度快。90后的学生已不满足于被动接受知识，传统的“满堂灌”的方式无法引起学生学习的热情和兴趣。教育的一条基本准则就是因材施教，而研究型教学模式根据90后学生的特点，充分发挥他们的特长，促进学生主动学习、参与讨论，让学生成为学习的主体。

3.3 改善教学效果的路径

当学生成为学习的主体，积极参与到教学活动中来时，学生听讲更专注、更积极思考问题、也更加有思辨精神，这些无疑都将极大地改善课堂教学效果。

4. 研究型教学模式在酒店管理课程中的实践——以《酒店管理概论》课程为例

《酒店管理概论》作为酒店管理专业的一门专业必修课程，其授课对象为酒店管理专业的本科生。本课程旨在使学生掌握从事酒店管理工作的高级应用型人才必备的基本理论和专业知识，掌握酒店管理基本技能，熟悉酒店的组织结构和运行管理，了解酒店集团化经营，掌握酒店新业态及发展趋势，具备从事酒店服务与管理实际工作所要求的能力，具有良好的职业素质和职业意识。

虽然严格的研究型教学具有一些固定的特征和要求，但在实际教学中仍需考虑教学的实际情况。例如，研究型教学鼓励学生自主选择、主动探究、参与教学，在规定时间内，从选题、收集资料到撰写报告、答辩、展示成果，都由学生自己作出决断。但目前我院学生的平均水平还很难达到较高的主动思考、主动寻找问题、提出问题的程度，因此，应根据拟定的难度要求设计不同层次的研究型教学手段。例如既可设计难度较低的热点问题报告，也可由教师理清有待研究的有一定难度的问题的思路，设计好详细路径，对学生进行引导。另外从实际情况来看，研究型教学虽不能完全拘泥于教材，但也不能完全脱离教材，因为在考核方式改革没有跟上的情况下，书本内容仍是考核内容的重要组成部分。

在《酒店管理概论》课程中运用研究型教学模式主要有如下思路：

4.1 行业动态追踪

要求学生关注酒店业的热点问题、行业动态或学生自己感兴趣的问题，并进行深入分析，每次上课时向老师和其他同学进行简要讲解，大家可以提问或讨论，时间控制在5分钟内。目标是让学生保持对酒店行业的关注度，并将书本知识与现实知识联系在一起，培养学生的学习兴趣、自学能力和研究能力。

4.2 将重要知识点设计为研究问题

4.2.1 教材的使用

以一本教材的知识体系为主导，补充案例和相关知识，以便让学生对酒店管理知识有整体了解和把握。

4.2.2 研究问题设计

确定一个大问题为研究主题，如经济型连锁酒店。选题依据主要包括具有一定研究价值，包括理论价值和实践价值；是目前的热点问题，能够引起学生的兴趣；学生较易于收集资料或进行调研等方面。

4.2.3 操作程序

将学生分为若干小组，分组进行调查研究，形成报告。

4.2.4 作业设计

将研究主题细化为若干小问题，按照从易到难的顺序，依次布置给学生，引导他们逐渐接近研究主题的核心。作业可采用资料搜集记录、观点讨论、调研报告、小组论文等多种方式，尽可能做到小作业多、大作业少，以避免学生出现厌烦情绪。

4.2.5 教学安排

课上由老师讲授新知识点、讲解研究问题、讲授研究方法，组织学生研讨，将大量的教师辅导答疑、审阅作业和学生完成作业的时间放在课下。

4.2.6 考核方式

考核采用作业与期末考试相结合的方式，增加作业所占比例，让学生的研究过程有所回报。

研究型教学模式在酒店管理课程中的运用还在探索阶段，需要在教学过程中进一步完善，在此仅对实施思路做一简单梳理。

参考文献

[1] 崔军. 高校研究型教学模式及其教学活动探析 [J]. 高等理科教育，2008（1）.

[2] 崔梦楼，徐军. 关于研究型教学的思考 [J]. 教育探索，2007（9）.

[3] 贺定修. 高校实施研究型教学的思考 [J]. 信阳师范学院学报，2003（5）.

[4] 戢守志等，国家研究理事会 [M]. 科学技术文献出版社，1999：30.

[5] 教育部. 面向21世纪教育振兴行动计划 [Z]. 教高 [1999] 1号

[6] 教育部. 关于进一步加强高等学校本科教学工作的若干意见 [Z]. 教高 [2005] 1号

[7] 李乐山. 高等学校进行研究型教学的方法与意义 [J]. 西安交通大学学报，2008（1）.

[8] 彭先桃. 大学研究性教学的理念探析 [J]. 教育导刊，2008（3）.

[9] 汪霞. 大学研究型教学中的“研究”[J]. 教育发展研究，2007（11B）.

[10] 汪旭晖. 大学实施研究型教学模式的实践与思考 [J]. 吉林省教育学院学报，2009（6）.

[11] 韦宝平. 创新教育视角下的研究型教学 [J]. 江苏高教，2003（4）.

[12] 伍红林. 从《博耶报告三年回顾》看美国研究型大学本科生研究性教学 [J]. 高等工程教育研究，2005（1）.

[13] 闫继红. 关于研究型教学模式初探 [J]. 教育与现代化，2005（4）.

[14] [英] 约翰·亨利·纽曼. 大学的理念 [M]. 贵州教育出版社，2003：158.

[15] 张颖. 本科研究型教学现状调查研究－基于A大学教学现状的调查分析 [D]. 华中师范大学硕士学位论文，2009.

[16] The Boyer Commission on Educating Undergraduate in the Research University. Reinventing Undergraduate Education：A Blueprint for America´s Research Universities [EB/OL]. http：//www. sunysb. edu/press/021006 – Boyer，2002 – 10 – 06

PBL模式在酒店财务分析课程教学中的应用探讨[①]

黄丽丽[②]

【摘　要】随着社会的发展，经济的进步，科技改革日新月异，教育改革的探索也要进一步深化下去。基于问题的学习（PBL）模式为当前教育改革开辟了一条新思路。本文从理论层面和实践层面探讨了PBL模式在财务分析课程中的应用，并且指出，PBL模式对于调动学生学习的主动性和积极性，开拓创造性思维，培养分析、解决问题的能力都有很大的裨益。

【关键词】基于问题的学习（PBL）；财务分析；教学模式

引言

财务分析是一门理论性、实践性、技术性和操作性都比较强的课程，着重培养学生运用专业知识分析、解决实际问题的能力。

传统的财务分析课程教学，往往采取以教师为中心，以课本为依据，以知识讲解为主要内容的方式。而学生除了听课、做笔记、回答问题之外，几乎不参与到教师的讲授过程中，更不需要进行独立思考。学生对于知识的掌握被动、机械，更不要谈在实际工作中的灵活应用了。这种传统的填鸭式的单向信息输送方式，完全忽略了学生的主体性和主动性，没有考虑学生学习方式和个性发展的重要性，影响了学生分析、解决实际问题的能力，更加影响了学生实践和创新能力

① 本文系北京联合大学2015年教育教学研究与改革项目“融入工作场景的PBL模块化教学方式改革研究”的阶段性成果。

② 北京联合大学旅游学院酒店管理系，讲师。

的培养。

进入21世纪，随着经济的发展，社会的进步，对人才的需要也发生了转变。知识越来越成为一个国家提高其综合国力和国际竞争力的决定性因素[①]。这也对我们的人才培养提出了更高的要求。要让我们的国家在世界上处于领先地位，我们需要培养具有自主学习能力、发散性思维能力、创造能力、实践能力、协作能力的创新型人才，我们迫切地需要转变传统的教学模式。

在当前教育改革的浪潮中，以问题为基础来展开学习和教学过程已经成了人们一条基本的改革思路。[②] 以问题为基础的学习，简称PBL（Problem – based learning，也被翻译成问题式学习），是以学生为主体，以问题为中心，以教师为引导，倡导让学生通过自学、讨论和协作获得解决问题的方法和答案，培养学生主动的、有目的的寻找问题的答案和实质的主动探究过程。

本文的理论意义在于，过去关于PBL的研究，更多集中在该模式在医学、理工科课程教学中的应用，而关于PBL模式在管理学科中应用的探讨还很少，本文希望能为将PBL模式应用于酒店财务分析课程教学的探索提供有益的帮助。

本文的实践意义在于，财务分析是一门知识性、实践性很强的课程，本文希望通过探讨将PBL模式应用于酒店财务分析课程，找到让学生在掌握酒店财务分析专门方法的同时，能够真正地运用财务分析方法对实际经济生活中的企业进行分析、评价，并能对企业可能存在的经营管理上的问题提出改进建议或措施的方法，为讲授财务分析课程的教师提供有益帮助。

本文余下部分的结构安排如下：第二部分为文献综述，描述国内外PBL教学模式的研究现状；第三部分介绍本文所采用的研究方法；第四部分介绍我国教育现状；第五部分介绍教育改革必要性；第六部分介绍PBL模式的概念和特点；第七部分介绍PBL模式在酒店财务分析课程中的应用；第八部分是结论。

1. 文献综述

1.1 理论基础

1.1.1 杜威的实用主义教育理论

PBL以杜威的实用主义为教育哲学基础。20世纪初期，针对“以课堂、教

① 引自胡锦涛在十六届七中全会上的讲话

② 张建伟，陈琦. 简论建构性学习和教学［J］. 教育研究，1999（5）：56 – 60.

科书、教师为中心，强调教师的权威作用和强制性纪律”的传统教学理念，美国教育学家杜威提出了实用主义教育理论，也就是以经验为中心、以儿童为中心、以活动为中心的“三中心论”。首先是以经验为中心。杜威认为，知识的获得都是来自于经验，而不是依靠读书或者教师而得来（杜威，1928）。其次是以儿童为中心。杜威认为，教育应该是以儿童作为起点，关注儿童的兴趣和需要。最后是以活动为中心。杜威认为传统教育过于强调书本的重要性，应该给儿童提供主动学习的机会。因此他提出了让学生从实践活动中获得知识的教育主张，即“做中学”。

1.1.2 建构主义学习理论

PBL以建构主义学习理论为心理学基础。建构主义也称结构主义，是认知心理学的一个重要分支，是与素质教育相吻合的教学理论。建构主义最早是由瑞士的皮亚杰（J. Piaget）于20世纪60年代提出。皮亚杰认为学习是儿童自身进行探索、建构和发现的过程，他认为儿童是在与周围环境相互作用的过程中，逐步建立起关于外部世界的知识，从而使自身认知结构得到发展。[①]

建构主义认为学习不是学生被动获得知识的过程，而是学生主动建构意义的过程。学生是教育的主体，教师帮助学生主动建构知识。学生不再是外部刺激的被动接受者和知识的灌输对象，而是信息加工的主体、知识意义的主动建构者。[②] 教师的角色和作用也相应地发生转变，教师在教学过程中的主要目的是培养学生掌握知识的能力，指导学生的学习，教师起到的是帮助和促进的作用。因此，学生能够获取多少知识主要取决于学生建构知识的能力。

建构主义学习理论认为，情境、协作、会话和意义建构是学习环境的四大要素。[③] 建构主义特别强调了情境创设，提倡合作学习。相应，学习的过程就是学生在原有经验和认知结构基础上，通过与外界的相互作用，即通过协作学习和教学情境的创设来建构新的理解。因此，建构主义认为，知识不是由教师传授得到的，而是学生在一定的情境即社会文化背景下，通过借助他人（包括教师和学习伙伴）的帮助，利用必要的学习资料，通过意义建构的方式获得的。

---

① 何克抗. 建构主义的教学模式、教学方法与教学设计. 北京师范大学学报（社会科学版，1997（5）：74－81.

② Kafai , Y. & Resnik , M. Constructivism in Practice : Designing , Thinking and Learning in a Digital World [M]. Mahwah , NJ : Lawrence Erlbaum Associations , 1996.

③ 何克抗. 建构主义的教学模式、教学方法与教学设计. 北京师范大学学报（社会科学版），1997（5）：74－81.

1.2 国外PBL模式的研究现状

PBL（Problem－Based Learning），即基于问题的学习方法，最早起源于20世纪50年代的北美的健康科学的教学过程①，它是将不同专业科目构成的严格的医学课程，转化为让学生以“问题形成”和“问题解决”的整合的学习课程的方法。②

1969年，美国的神经病学教授Barrows在在加拿大的麦克马斯特（Mc－Maser）大学首先将PBL模式应用到医学教育领域。③

从20世纪80年代到20世纪90年代，PBL模式被许多其他的医学院校所应用，并逐渐在北美及欧洲被接受。现在PBL模式已经广泛的应用到其他学科的教学领域中，并涵盖大中小学。④

对于PBL模式的效果，Albanese和Mitchell（1993）以及Vernon和Blake（1993）都对PBL进行了20年的评估研究，结果表明，在普通的常规知识性测试的中，用PBL模式进行教学的学生取得的成绩与用传统模式进行教学的学生取得的成绩是相当的，并用PBL教学的学生在解决问题的技能方面显得更加出色。

1.3 国内PBL模式的研究现状

国内对于PBL模式的研究开始于上世纪90年代。以“PBL”和“基于问题的学习”做为关键词，在中国知网中进行检索，可以看到，最早是1994沈又纲在《国外PBL课程模式介绍》一文中率先提到了PBL模式，对国外学校PBL课程的情况进行详细介绍。

从研究内容看，现有文献介绍了PBL模式的概念界定、特点、实施的步骤、对教师和学生的影响、课程模式、课程设计、在网络环境中的应用以及PBL在生物、理工等学科中的应用探讨。⑤

国内对于PBL模式的应用探索集中于医学、理工和管理等学科。在医学领

---

① Boud, D., & Feletti, G. The challenge of problem－based learning［M］（2nd ed.）. London: Kogan Page, 1997.

② 宁则群. 旅游管理专业PBL教学模式的改革与创新［M］. 北京：中国电力出版社，2012：6

③ Barrows, H. S. Practice－based learning: Problem－based learning applied to medical education［M］. Springfield: Southern Illinois University School of Medicine, 1994.

④ Torp, L., & Sage, S. Problems as possibilities: Problem－based learning for K－16 education［M］.（2nd ed.）. Alexandria, VA: Association for Supervision and Curriculum Development. 2002.

⑤ 丁晓蔚. 国外“基于问题的学习”的研究及其对“研究型学习”的启示［D］. 首都师范大学，2009.

域，PBL 模式的应用是最早的，也是最广泛和成熟的，之后推广到计算机领域课程的教学改革中，管理领域课程 PBL 模式的应用实践还是比较少。目前 PBL 在各学科的探索以高等教育领域的实践为主，也有少量在中小学技术领域的探索。

2. 研究方法

本文在写作过程中运用了文献研究法、访谈法、案例分析法等方法，对 PBL 模式在财务分析课程中的应用进行探讨。

2.1 文献研究法

文献研究法是根据某一研究目的或课题，通过大量文献资料的搜集、研究、分析和整理，形成对该课题的全面认识，发现规律性、本质性内涵或形成新观点的方法。笔者通过图书馆、网络等渠道，查阅了大量报刊、书籍、杂志、硕博论文，对国内外关于 PBL 模式的相关理论以及其在不同学科中的应用实践进行分析研究。

2.2 访谈法

访谈法是以个别或座谈的形式进行有目的的研究性的交流，通过交谈获得某些事实信息，或者收集被访者对某些问题的观点看法的方法。笔者通过与财务分析的授课教师以及上课学生的访谈，探讨了 PBL 模式在财务分析课程中应用的现状、存在的问题以及改进建议。

2.3 案例研究法

笔者分析研究了大量 PBL 模式在课堂教学中应用的案例，并结合本科生财务分析课程中应用 PBL 模式的案例，对 PBL 模式的应用进行分析研究。

3. 我国传统教育现状

课程的讲授过程就是教师将知识、技能传授给学生，并对学生的疑问进行解答的过程。这样的传统教学模式教师起主导作用，学生处于接受灌输的被动地位，其主动性、积极性难以发挥，很不利于学生的思维能力和创造能力的培养。

3.1 以教师为中心，而不是以学生为中心

在传统教学中，教师是教学的中心，学生就像一个接受知识的容器一样，仅仅是知识的被动接受者，忽视了学生学习的主动性和积极性。

3.2 重视教法，不重视学法

传统的教学关注点在教法而不是学法。即，传统教学关注的是教师如何将知

识经验传授给学生，虽然，我们已经增加了幻灯、电影、网络等多媒体教学手段，视听结合，让学生获得知识的过程更加形象生动，但这只是教学手段的改变，忽视了学习方法的养成、能力的培养、思想的启发。

3.3 重视知识传授，不重视能力培养

传统教学模式下，教师的教学目标就是向学生传授知识，但是忽视了学生素质及能力的培养，导致学生在走出校门之后，在生活和工作中的表现差强人意，自立能力、实践能力、创新能力甚至人际交往能力等方面存在很多问题。

4. 教育改革必要性

21世纪是知识经济的时代，知识爆炸的时代，知识量非常庞大，知识更新越来越快，科技发展日新月异，传统教学模式面临着诸多的挑战。

4.1 知识爆炸对教学提出挑战

21世纪是知识社会，也是信息社会，社会中的知识总量以爆炸式的速度急剧增长。随着电脑的普及，网络覆盖面的扩大，信息资源唾手可得，极大地方便了学生对学习资源的获得。传统的课堂教学由于信息量有限，信息更新不及时，已经难以满足信息社会下的教育需求。

4.2 新时期人才需求发生转变

21世纪是知识经济时代，以知识的创新和应用为重要特征，只有具备自主学习能力和创新能力，具有优秀的综合素质的人才能在社会中生存和发展。我们的教育也由重视知识的传授、智力的培养向重视能力、情感的培养转变；从以学习知识为主的知识培养向以学习方法为主的能力培养转变。

5. PBL模式概述

5.1 定义

PBL缩写可以是Problem - based learning，以问题为基础的学习的首字母缩写，又称作问题导向学习。PBL也可以是Project - based learning，以项目为基础的学习，又称项目导向学习、项目学习。

慕景强指出，PBL（Problem - based learning）是以问题为中心，将学生的自主学习和小组协作学习相结合的学习方式。PBL模式强调把学习设置到复杂的、真实的问题情景中，通过学生的合作来解决问题，从而学习隐含在问题背后的科学知识，形成解决问题的技能和自主学习的能力。[①]

本文中所提到的 PBL 是 Problem - based learning，以问题为基础的学习，是以问题为中心组织教学和学习的模式。

5.2 PBL 模式的特点

PBL 模式在帮助学生打下灵活的知识基础的同时，更加有助于发展学生的解决实际问题、批判性思维和创新思维能力，发展合作能力与自主学习能力。[②]

5.2.1 以问题为中心

问题是 PBL 教学的中心，也是 PBL 教学的起点。PBL 模式首先要提出问题，创设情境。PBL 模式所提出的问题必须要能够引出相关的概念、原理，以便完成课程目标。该问题要具有一定真实性，一般都源于生活，这样才能引起学习兴趣，效果才能深刻，才能让学生具备解决现实问题的能力。同时，这样的问题，一般都是信息不明确的、开放式的，相应的解决方法和途径就不唯一。需要学生结合不同领域的知识，运用高层次思维能力，来进行全面思考、综合分析、最终解决问题。

5.2.2 强调协作

PBL 模式需要老师引导学生自主探究知识。但由于 PBL 模式下提出的问题是真实的，具有复杂性，往往靠一人之力是难以解决的，所以学生必须组成学习小组，共同探讨、分析，协作解决问题。协作的过程，对学生的沟通协调能力、领导能力、团队合作能力进行了锻炼。

5.2.3 师生关系

在 PBL 模式下，教师的角色是引导者，辅助者，不会直接给出问题的答案。学生是学习的主体，是知识的探究者、问题的解决者。由教师引导学生发现、分析并解决问题。

6. 基于 PBL 模式的酒店财务分析课程

6.1 PBL 模式在酒店财务分析课程中的应用

笔者以酒店管理本科学生的财务分析课程为例，介绍 PBL 模式在酒店财务分析课程中的应用。我们将财务分析的内容分为四个模块，分别是企业财务总体分

---

① 王玮. 基于 PBL 的旅游专业教学新模式. 旅游学刊，2005（12）

② Hmelo, C. E. , & Ferrari, M. (1997). The Problem - based learning tutorial: Cultivating higher order thinking skills [J]. Journal for the Education of the Gifted, Vo l. 20 (4): pp401 - 422.

析、偿债能力分析、营运能力分析、盈利能力分析和成长能力分析。先由老师讲授酒店财务分析的知识要点，然后学生分组完成老师布置的任务，并进行汇报。酒店财务分析课程的考核成绩由平时课堂成绩、小组汇报成绩和最后的总体财务分析报告的成绩构成。

6.2 PBL 模式的基本流程

PBL 模式的实施过程包括提出问题、组织小组、自主学习、合作交流、成果展示、总结评价六个环节。

6.2.1 提出问题，创设情境

提出问题是 PBL 模式的起点，该问题必须能够引出所需的知识，并且该问题应该是真实的、复杂的，这样才能有助于学生激发学生学习积极性，培养创新型思维。

6.2.2 划分小组

由于 PBL 模式下问题具有真实性、复杂性，无法由一人单独完成，需要多名学生共同协作分析解答问题，因此，需要将学生组织成若干小组，然后以小组为单位进行学习。

6.2.3 自主学习，分工协作

在以小组为单位进行学习的过程中，即包括单个学生在老师的引导下，自觉地进行为了解决问题而展开的自主的、探究性的学习。在此过程中，为了达到小组学习目标，需要将学习任务分解到各个小组成员身上。每个小组成员根据自己的任务分头查找资料、独立思考、自主学习。同时，小组成员仍需要将其在学习过程中探索、发现的知识、资源与其他小组成员共享，成员之间可以通过对话、商讨、争论等等多种形式对问题进行充分论证。小组同学之间的协作交流过有助于学生对全面掌握知识，并形成批判性思维和创造性思维，同时也很好地锻炼了学生的人际沟通能力、协调能力。

6.2.4 成果展示

各小组利用不同的形式、方法向老师和其他小组展示学习的成果。一般会采用多媒体技术将学习成果演示给大家。成果展示汇报过程对同学的语言表达能力也是个很好的锻炼过程。

6.2.5 总结评价

各小组汇报后，需要对各小组解决问题的过程及结果、获得的知识和技能进行总结和评价。这包括各小组自己对自己学习过程的自我反思的和评价，也包括

教师对各小组整体及个人、各小组对小组之间的互评等。一般情况下，每个小组汇报完成后，其他小组需要对其汇报情况、问题的解答情况进行相互评分；老师也需要针对每个小组的整体汇报情况进行打分，对于参与小组汇报的个人、参与问题讨论、提出问题的学生个人都会考虑加分。

6.3 将PBL模式应用到财务分析课程应注意的问题

6.3.1 科学合理的设计问题

问题是PBL模式的核心，也是起点。问题的设计要科学合理，过于简单的问题不能起到提高学生能力的效果。因此，问题的设计应该能够有效地引入相关知识，并且能够有效启发学生的深层次思维。

6.3.2 调动每个学生的积极性

PBL模式强调协作学习，但是有可能小组中会有个别学生会因为懒惰或者由于无法解决问题而产生退缩，搭便车或者坐轿子的现象不可避免。针对这种情况，一方面，教师需要在成果汇报时有针对性地对每个学生进行提问。另一方面，需要鼓励小组中其他的学生来调动搭便车学生的积极性。这同时也是对学生领导能力、人际沟通能力的锻炼。

6.3.3 及时对老师进行培训

不论是需要提出科学合理的问题，还是对学生学习和思维的引导，对学生学习主动性的激发，或者对学生成果汇报的评价，PBL模式的每个环节都对教师提出了较高的要求。这就需要及时对任课教师进行培训。

除了上述需要注意的问题以外，PBL模式应用时还需要注意PBL模式与现有的教学体系是否配套，以及适用课程是否得当等问题。

7. 结论

随着社会的发展，经济的进步，科技改革日新月异，教育改革的探索也要进一步深化下去。基于问题的学习（PBL）模式为当前教育改革开辟了一条新思路。本文从理论层面和实践层面探讨了PBL模式在财务分析课程中的应用。可以看到，PBL模式对于调动学生学习的主动性和积极性，开拓创造性思维、培养分析、解决问题的能力都有很大的裨益。

由于时间有限，本文对PBL模式应用的探讨还停留在浅表层面，对于如何通过PBL模式带来更好的教学效果，如何避免实施中容易出现的一些错误，如何衡量PBL模式的效果的实证研究等等诸多方面还有待更加深入地研究。

参考文献

[1] 张建伟，陈琦. 简论建构性学习和教学 [J]. 教育研究，1999 (5)：56-60.

[2] 张华. PBL 在英国护理高等教育中的应用研究现状 [J]. 海南医学院学报，2009，8.

[3] 何克抗. 建构主义的教学模式、教学方法与教学设计. 北京师范大学学报（社会科学版），1997 (5)：74-81.

[4] Kafai, Y. & Resnik, M. Constructivism in Practice: Designing, Thinking and Learning in a Digital World [M]. Mahwah, NJ: Lawrence Erlbaum Associations, 1996.

[5] Boud, D., & Feletti, G. The challenge of problem - based learning [M] (2nd ed.). London: Kogan Page, 1997.

[6] 宁则群. 旅游管理专业 PBL 教学模式的改革与创新 [M]. 北京：中国电力出版社，2012：6.

[7] Barrows, H. S. Practice - based learning: Problem - based learning applied to medical education [M]. Springfield: SouthernIllinoisUniversitySchool of Medicine, 1994.

[8] Torp, L., & Sage, S. Problems as possibilities: Problem - based learning for K-16 education [M]. (2nd ed.). Alexandria, VA: Association for Supervision and Curriculum Development. 2002.

[9] 丁晓蔚. 国外"基于问题的学习"的研究及其对"研究型学习"的启示 [D]. 首都师范大学，2009

[10] 慕景强. PBL 教学法在我国可行性的研究 [J]. 医学教育，2003，6：37-41

[11] 吴莉霞. 活动理论框架下的基于项目学习（PBL）的研究与设计

[12] 幕景强. PBL 在医学教育中的应用现状研究 [J]. 西北医学教育，2004 (6)：170-188

[13] 王玮. 基于 PBL 的旅游专业教学新模式. 旅游学刊，2005 (12)

[14] 黄亚玲，郑孝清，金润铭，兰黎，周东风. PBL 教学模式探索. 医学与社会 [J]，2005 (6)：56-57

[15] Hmelo, C. E., & Ferrari, M. (1997). The Problem - base learning tutorial: Cultivation higher order thinking skills [J]. Journal for the Education of the Gifted, Vo l. 20 (4): pp401 - 422.

课程教学改革与创新篇

酒店管理专业课程教学中学生评价方式的多元化和过程化探索

李爱军①

【摘要】很长一段时间大学专业课程教学中学生评价方式中考试的方式都占统治地位，也有一些课程会使用课程论文等方式。本文探讨的是从学生的培养目标、学生评价的目标以及企业用人需求等方面看，专业课程教学中学生的评价方式都应该是多元化的评价，并且评价应该伴随着课程教学的整个过程，而不是在课程教学完成之后。

【关键词】专业课程教学；学生评价；多元化；过程化

一、专业课程学生评价方式多元化的必要性

1. 大学生的培养目标是一个多元化的体系

教育部《关于全面提高高等教育质量的若干意见》明确指出：全面实施素质教育，把促进人的全面发展和适应社会需要作为衡量人才培养水平的根本标准。建立健全符合国情的人才培养质量标准体系，落实文化知识学习和思想品德修养、创新思维和社会实践、全面发展和个性发展紧密结合的人才培养要求。

从教育部的文件中我们可看出大学生的培养目标是一个包含知识、能力、素质、思想道德在内的多重目标的目标体系。多元化的培养目标要通过学习的整体课程体系来实现，其中专业课程教学也承载着全面发展和个性化发展的培养目标的责任。从酒店管理专业来看，在 2013 版本科培养对本科生的培养目标表述是

---

① 李爱军，北京联合大学旅游学院酒店管理系，讲师。

这样的：本专业培养适应酒店业发展需要，具备较高的管理理论素养和扎实的酒店管理专业知识，较强的酒店运营管理能力，熟悉酒店业经营管理方法和手段，具有人文素质、国际视野、领导艺术、创新创业精神和社会责任感，能够在高星级酒店及相关高端旅游接待业、教育科研机构等从事酒店管理、接待服务及教学科研工作的具有可持续发展能力的高素质酒店管理应用型、复合型人才。这个培养目标也是包含着知识、能力、素质的一个综合的目标系统。知识教育目标，是指以传授经验、知识为主，并注意培养某种职业技能的培养模式。它的特点是以学科课程为主，辅之以一定的技术课程与实践训练，追求理论知识的完整性、系统性和严密性，轻视理论知识的实用性和实践性，其课程体系由“基础课＋专业基础课＋专业技术课”构成。能力教育目标，是指以某一职业所需的知识、技能为目标而设计的培养模式，它以某一社会职业岗位的需求为目标，在职业分析的基础上，将职业能力分解为若干部分，组成多个模块，进行课程开发和培训，从而使受教育者具备从事本职业的能力。素质教育目标，以完善劳动者个体人格、提高劳动者个体素质为目标。它认为，职业教育所培养的学生不仅应具有必备的知识与技能，而且还必须具有健康的职业心理和职业伦理道德。

大学生培养目标的多元化必然要求课程考核方式的多元化，因为我们找不出任何一种考核方式可以对学生的知识、能力、素质等进行全面评价。

2. 大学生专业课程的学生评价目的是为了改进和引导

学生专业课程的评价考核关系到对学生价值的评价，斯塔弗尔比姆有句经典之语：“评价最重要的意图不是为证明（prove），而是为改进（improve）”。从学生专业课程的评价目的来看，评价的内容应该是多元化的和过程性的，是一个多层次、多样化的立体交叉的指标体系，应该诊断性、形成性、终结性三种评价方式有机结合。评价过程中既要尊重处于教学主导地位的教师的参与，又要体现、发挥学生的主体性地位和作用。专业课程教学不仅关系到大学生的知识的掌握、能力的培养，更关系到创新思维、创新能力培养问题。专业课程的评价考核方式对大学生的素养培养具有重要的影响，多元化的评价方式，对于促进学生科学知识、能力和素质培养，具有现实意义。

专业课程的学生评价方式对学生有很强的导向作用，具体说具有三个方面的功能：其一，评估学生课程学习效果。学生通过某一门课程的学习，其学习的效果如何，一般要通过一定方式来了解和评定。其二，测量学生之间的差异。评价除了检测学生对专业课程的学习效果，其结果还用于测量学生间的差别，也就是依据评价结果，将学生分为优、良、中、差等各个等级。其三，引导学生的学习。评价是指挥棒，通过评鉴可以激励学生努力学习，评价的内容、方法、手段对学生的学习的内容、方法有很强的引导功能。当前专业课程评价学生的方式主要是通过考试，辅之以课程论文，其中考试又有闭卷考试和开卷考试之分。闭卷考试占大多数，一般都在必修课程中实行，开卷考试和课程论文形式的考试，则常常在非必修课中实行。这三种学生评价方式各有利弊。其一，闭卷考试。闭卷考试在当前高校不同形式的考试中，仍占主流。这种考试方式最大的弊端在于只能考出学生对知识的记忆能力，并不能考查知识的实际运用能力。在闭卷考试的支配下，学生在考前把精力放在背书和背课堂笔记上，考试结束，死记硬背的知识就被遗忘。因此，闭卷考试，不利于学生将所学知识融会贯通，不能够提高学生的综合、分析、解决问题的能力，更无助于培养学生的创新能力等。其二，开卷考试。开卷考试这种考试形式，在一定程度上能够了解学生应用知识的能力，但从目前的实际情况来看，这种考试仍然是以知识的考核为主，考试内容主要围绕教师课程授课的内容。而且降低了学生通过的难度，学生只要坚持听课，记好笔记，就能轻松应付。多数情形是学生如果事先知道是开卷考试，往往不会认真学习课程的内容，达不到知识融会贯通的考试目标。其三，课程论文。课程论文的考试方式，最大的优势是能够发挥学生的创造性。但是，这种考试形式亦有弊端，就是比较容易敷衍，很多学生通过网络或者其他途径抄袭别人完成任务，这样就达不到考试的目的，反而养成学生做假的学习风气。这种考试方式下也容易导致学生对基础知识的深入学习。

从以上我们这三种学生评价方式的分析可知，这三种方式均不是知识、能力和素质评价的最好方式，对于能力和素质培养基本起不到促进作用。发挥大学生专业课程评价的改进性和引导性的目的，我们也没有任何一种单一的评价方式可以达到，必须建立专业课程学生评价的多元化和过程化的指标体系。

3. 单一的专业课程学生评价方式对企业甄选人才起不到导向作用

高等教育教育最基本的目标是培养企事业所需要的人才。那么，单一性的学生评价方式对于企事业单位的用人起不到导向作用。

北京千禧大酒店（五星级饭店）总经理 Kurt Wehinger 表示，酒店在招聘人才时会对教育背景有一定的要求，但是一个成绩好的学生不一定就适合从事酒店业。从事酒店业的人才应该是谦逊的，而不是自大、骄傲的。应聘者最好有一个良好的外表，且能习惯保持自然的微笑，而且机灵聪敏。紫光安德鲁酒店管理学校的调查则显示，在员工的个性素养、语言能力、服务水平、专业技能几个方面，个性素养（如踏实、勤奋、好学）以 90% 的得票率位居首位。基本上所有的人力资源经理都把个性素养作为最重要的考虑因素。酒店招聘人员主要考虑的是综合素质，是否具有从事酒店行业的潜质，是否具有发展潜力。语言能力以 70% 的得票率位居第二，其他依次是服务水平（57.5%），专业技能（25%），并且大多数经理认为专业技能在酒店里比较容易培训，难的是让员工理解国际酒店的发展目标与期望。

为了进一步了解世界酒店业界希望新的毕业生们具备什么样的能力，瑞士理诺士酒店管理学院在酒店行业界做了第一个全球性的调查研究。来自世界 39 个国家 80 个不同公司的 136 名人力资源经理和招聘经理同应了这个调查。调查结果如下：

酒店经理人最重要的特征	将这些重要特征列为重要或非常重要的招聘经理的百分比%	认为理诺士毕业生在以上方面是“出色”或“非常出色”的招聘经理的百分比%
Professional attitude 职业态度	97%	97.6%
Respectful of others 对他人的尊重	97%	97.6%
Customer oriented 顾客至上的理念	96%	100%
Motivated 上进心	96%	98.8%
Team oriented 团队协作能力	95%	100%
Hard working 勤奋	92%	97.6%
Flexible 灵活度	92%	94%
Professional appearance 职业外貌	88%	98.8%
Proactive 积极	88%	98.8%
Organised 有组织计划性	84%	98.8%
Self confidence 自信	84%	100%

（此表格来自瑞士理诺士酒店管理学院网站，表格第三列与本课题无关，可以不予关注）

从以上调查结果我们可以明显看出，无论是国内还是国外酒店业界对学生综合素质和专业技能的关注远远大于对知识的关注。这为我们的酒店管理专业改革单一的学生评价方式，建立多元化的和过程性的学生评价体系改革提供了思路。专业课程的学生评价要适合并体现社会用人的需求，为企事业单位甄选人才提供导向，而不是目前所展现的学校的课程成绩单与企事业单位对人才的评价互不相干。

二、建立专业课程学生评价多元化过程性评价体系

建立包括考试在内的多元化的专业课程学生评价方式及配套的机制保障。教学注重全过程的学习，评价方式多样化，可采用考勤（学习态度）、课堂讨论（学习方式、学习能力）、平时作业（理解、记忆等）、调查（实际操作）、参与科研（进展性思维）、实习（理论联系实际）、笔试（记忆、分析、总结、归纳）等，促进学生全面学习提高。在考试方式的运用上应多管齐下，从发展学生多种能力的角度考虑，在考试方式上应改变期末闭卷笔试“一统天下”的局面。应根据不同专业课程的性质、特点和评价要求，积极探索多样化的学业考试方式，灵活运用笔试、口试、闭卷、开卷、撰写小论文和实验操作等多种形式，以科学地评价学生的综合素质和创新能力。借鉴国外经验，国外高校专业课程的学习形式包括论文、开卷考试、阶段测试、答辩、专题讨论、同学评价、自评、资料分析、书评、图书馆运用评估项目、课堂表现、闭卷考试等至少20多种形式，每一种形式都有与之配套的设施和措施为后盾，以保证整个评价的有效性。在评价成绩的评定上，应调整权重，增加平时学习的考核比重。应有助于发展其多种能力素质。首先，学业成绩构成应将期末考试与平时考查结合起来。从学生主动学习习惯的养成来看，尤其应当加强平时考核。其次，学业成绩评定应减少期末考试成绩所占的比重。从调动学生课程学习的积极性来看，应增加过程性考核的权重。平时成绩比重以提高到占总成绩的50%左右为宜。再次，平时考核也应多样化。考核的形式可以采取课内与课外相结合，如课内以提问、测验等形式为主，课外则以做作业、撰写小论文等形式为主，然后再辅之以单元测试、期中考试等形式，学生学业成绩可以将上述成绩按一定比例进行综合评定的办法。总之，通过加大平时评价考核的力度，旨在调动学生课程学习的积极性、主动性和自觉性。

三、对建立专业课程学生多元化过程性评价体系评价的探索

高等教育要培养符合企业需要的人才，在人才评价方式上也要借鉴企业的评价方式，实行指标化的学生评价方式。实行指标化的学生评价方式首先要根据课程目标和要求建立一套评价指标，然后按照指标去要求评价学生。在这样的评价体系下对知识、技能和综合素质都提出了要求，促使学生既要注重学习知识，也注重技能的训练和综合素质的修炼，对培养符合企业需要的人才有很强的导向促进作用。

以下是我在《客房管理》课程中考核学生所使用的表格。《客房管理》课程

是实践教学课程，课程目标是：《客务管理》是酒店管理相关专业的核心专业课程。通过本课程的讲授，使学生了解现代酒店企业客房管理的基本概念和基本理论，掌握酒店企业客房管理的方法、技术、手段，确立现代客房管理的正确理念。通过《客务管理》学习，使学生具备客房管理最初步的素养。

这门课程大部分课时是通过学生在酒店通过课程短期实训的方式进行实际操作练习。这样的评鉴方式与课程目标的要求是相一致的，从长远来说与企业的用人目标也是一致的。

一般性工作绩效评价要素		评价尺度	评价事实依据或评语
1. 职业态度：工作的认真负责	O □ V □ G □ I □ U □	100-90 90-80 80-70 70-60 60 以下	分数
2. 工作效率：在某一特定的时间段中所产生的产品数量和效率	O □ V □ G □ I □ U □	100-90 90-80 80-70 70-60 60 以下	分数
3. 工作知识：实践经验和技术能力以及在工作中所运用的信息	O □ V □ G □ I □ U □	100-90 90-80 80-70 70-60 60 以下	分数
4. 可信度：在完成任务和听从指挥方面的可信任程度	O □ V □ G □ I □ U □	100-90 90-80 80-70 70-60 60 以下	分数
5. 勤勉性：上班的准时程度，遵守规定的工间休息 / 用餐时间的情况以及总体的出勤率	O □ V □ G □ I □ U □	100-90 90-80 80-70 70-60 60 以下	分数
6. 独立性：完成工作时不需要监督和只需要很少监督的程度	O □ V □ G □ I □ U □	100-90 90-80 80-70 70-60 60 以下	分数

借鉴企业绩效考评的方式对学生专业课程进行的方式也许存在漏洞，但这种

方式可以对学生知识、技能和综合素质进行比较全面的评价，与企业人才的要求也具有一致性，这才是最重要的。

参考文献

[1] 龙文祥．创新人才培养视野下的高校考试改革研究［J］．黑龙江教育，2007（6）：33～35.
[2] 徐双荣，盛亚男．从国外大学考试谈我国高校课程［J］．当代教育科学，2009（19）：20～22.
[3] 谢秀红，孟文庆，王一岷．充分发挥大学考试的正激励作用，高等理科教育，2007（6）：90～93.
[4] 张忠福．建立以能力培养为中心的实践教学体系［J］．实验技术与管理，2011（2）.

基于建构主义任务型教学法的“成果导向教育”

——酒店战略管理课堂教学与过程评价模式改革①

李春颖②

【摘　要】本文以成果导向教育理念为指导，对建构主义任务型教学模式在应用型本科高等院校酒店战略管理课程中的应用进行探讨，探索提升酒店战略管理课程课堂教学效果的教学改革方案，提高学生发现问题、分析问题、解决问题的“成果”导向能力；改变传统单一考核模式，借助任务型教学法设计过程考核评价机制，实时管理学生的学习过程并实现学习过程的动态考核；探索建构主义任务型教学模式与酒店战略管理知识的有效结合途径和具体教学方案，设计基于建构主义“以学生为中心”理念基础上与本校学情实际情况相结合的“主导—主体相结合”教学模式。

【关键词】成果导向教育；建构主义；任务型教学法；酒店战略管理

引　言

应用型大学教育以培养学以致用人才为主要目标，关注行业发展趋势，注重对学生能力的培养，寻求学校教育与学生培养之间的契合点。很多学校在设定培养目标时从知识、能力、素质三方面提出促进人才均衡发展的目标；学生在求学过程中也希望在课堂上不仅学到理论知识，还能够学到运用理论知识解决实际问题的能力。这些都对课堂教学提出了更高要求。而传统教学模式以教师传授知识

① 本文系北京联合大学2015年度校级教育教学研究与改革项目：基于建构主义任务型教学法的“成果导向教育”——酒店战略管理课堂教学与过程评价模式改革（JJ2015Q019）之研究成果。

② 北京联合大学旅游学院酒店管理系，讲师。

的“投入式”为主，强调教师“教了多少”，学生是否完全掌握了老师教的内容，而忽视了学生对知识的“重建”与“产出”，即应用能力的培养。

在这种背景下，国际教育界出现了一种以“成果”为导向的课程发展模式，即“将传统重视学科知识学习的课程发展，转变为重视学生行为与能力增长的课程发展方式。”[1]成果导向课程基于“产出”（outcome - based system）的核心思想，将教学关注点放在学生“学到了什么”，而不是学校、教师“教了什么”。课程发展回归学生毕业后能“带走”的实际能力，强调围绕学生学习任务、专业设置、职业范围展开，加强学生适应未来和社会的综合能力。[2]

本文对成果导向教育模式在酒店战略管理课程中的应用进行研究，通过反向设计，以学生通过课程教学过程最终能取得的学习成果为目标，设计酒店战略管理课堂教学模式和方法，并对评价指标体系改革进行阐述。

1. 成果导向教育模式内涵

1981年，美国学者斯派蒂（Spady，W. G.）在其《成果导向教学管理：以社会学的视角》（Outcome - based Instructional Management：A Sociological Perspective）一文中第一次提出“成果导向教育”这一概念。此后，成果导向教育理念及课程发展理论一直备受关注，影响了美国、日本、台湾等国家和地区的课程改革，受到众多教育研究者及教师的认可，被公认为“追求教育卓越的一个正确的方向和值得借鉴的教育改革理念”。[3]

成果导向教育（Outcome - Based Education，OBE）是指，教学设计和教学实施的目标是学生通过教育过程最后所取得的学习成果。OBE强调如下4个问题[4]：

（1）我们想让学生取得的学习成果是什么？

（2）我们为什么要让学生取得这样的学习成果？

（3）我们如何有效地帮助学生取得这些学习成果？

（4）我们如何知道学生已经取得了这些学习成果？

这里所说的成果是学生最终取得的学习结果，是学生通过某一阶段学习后所能达到的最大能力。它具有如下6个特点[5]：

（1）成果并非先前学习结果的累计或平均，而是学生完成所有学习过程后获得的最终结果。

（2）成果不只是学生相信、感觉、记得、知道和了解，更不是学习的暂时表现，而是学生内化到其心灵深处的过程。

（3）成果不仅是学生所知、所了解的内容，还包括能应用于实际的能力，以及可能涉及的价值观或其他情感因素。

（4）成果越接近“学生真实学习经验”，越可能持久存在，尤其是经过学生长期、广泛实践的成果，其存续性更高。

（5）成果应兼顾生活的重要内容和技能，并注重其实用性，否则会变成易忘记的信息和片面的知识。

（6）“最终成果”并不是不顾学习过程中的结果，学校应根据最后取得的顶峰成果，按照反向设计原则设计课程，并分阶段对阶段成果进行评价。

2. 基于成果导向的酒店战略管理课程改革思路

2.1 OBE与传统酒店战略管理课程教学模式的比较

2.1.1 记忆还是应用

酒店战略管理课程是酒店管理专业理论性较强的一门高年级课程，一般开设于本科三年级或专升本二年级，以其他酒店管理专业课程，如人力资源管理、财务管理等为基础，向学生讲授从宏观、全局、长远、发展、动态、竞争的视角进行企业管理，即战略管理的方法和思维。整门课程涉及大量战略管理的基本概念、分析工具和理论知识。传统课堂教学强调知识的掌握和记忆，OBE则重视学生在理解知识的基础上对知识的运用能力和解决实际问题的能力。

2.1.2 终点考核还是过程考核

传统考核方式根据统一设定的教学目标，以统一考试方式进行测试，学生学习效果评价取决于一、两次考试成绩，很难全面反映学生的学习过程效果和学习态度。测试题目虽然有体现学生对知识理解能力和分析解决问题能力的论述题和材料分析题，但从分值上看仍是以客观题为主，即要求学生要记忆大量书本上的知识点，不利于考察学生能力。OBE的评价体系从成果着眼，让每位学生根据自己的基础和特长设定个人在战略管理课程中的成果目标。这样学生从一开始就清楚自己最终要达成的目标，可以提高自己的学习动力，逐步实现目标。教师通过设计科学合理的评价体系对学生的学习过程进行评价，协助学生在学习过程中不断提高能力，引导学生实现最终目标。

2.1.3 统一标准还是个性化评定

传统教学以统一标准考核学生，考核未通过即视为学习上的不成功。OBE强调人人都能成功。教师通过调查问卷、观察、谈话等各种途径了解学生的个体差异，并尊重其个体差异，通过教学方法设计和多元考核方式，给每位同学进步、提升的机会，促成所有学习者达成预期成果，并有机会展示他们的学习成果。

2.1.4 竞争学习还是合作学习

传统教学通过考试成绩分数区分学生，无形中将学生置于一种分数竞争的环境中，不利于学生间的学习互动。OBE 强调合作式学习，通过团队合作、分工协作、共同完成项目任务方式，促成学生间的学习互动、相互启发、取长补短、合作共赢。并结合个性化考核和过程考核，将个体间竞争转变为自我竞争，在培养团队意识的同时实现自我成长。

2.1.5 教师主体还是学生主体

传统教学以老师讲授知识为主，教师是课堂教学的主体，注重“教什么”、“怎么教”，学生被动接受知识。OBE 强调以学生为主体，“学什么”、“怎么学”。教学目标围绕学生的发展，教学内容根据对学生的预期，教学评价尊重学生个体差异，通过恰当的教学方法发挥学生学习的主观能动性，教师引导、协助学生达成预期成果。

2.2 酒店战略管理课程成果导向教学设计

2.2.1 反向设计

OBE 要求教师应该先明确学习成果，再根据成果要求来改进原有的课程设计与教学方法，课程与教学设计从最终学习成果反向设计。

2.2.2 任务教学法

酒店战略管理课程最终成果在于培养学生的战略思维，使其具有解决开放问题、实际战略问题的能力。

这些需要通过具有挑战性的任务来培养，例如提出项目建议、完成项目策划、开展案例研究和进行口头报告等，来展示他们的能力。这样的任务，能让学生展示思考、质疑、研究、决定和呈现的能力。因此，OBE 是将学生置于发展他们的设计能力到完成一个完整过程的环境之中。OBE 更加关注高阶能力，例如创造性思维的能力、分析和综合信息的能力、策划和组织能力等。这种能力可以通过以团队的形式完成某些比较复杂的任务来获得。[4]

2.2.3 整体教学设计

传统课堂教学以完成统一的教学目标、教学大纲，按章节顺序讲授教材内容为主。酒店战略管理任务教学法改变传统教材使用方式和知识讲授方式，根据战略管理运作体系设计制定模拟经济型酒店战略方案这一任务，以任务为知识学习脉络，进行整体教学设计，带动学生学习酒店战略管理知识，并提升解决实际问题的能力。

综上，根据以成果为导向反向教学设计思路，酒店战略管理课程改革以学生为主体，重视学生能力培养，注重过程考核和多元考核，鼓励学生间的合作学习，以建构主义任务型教学法为主，同时结合讲授法、研究型学习法、案例教学法、情境模拟教学法等多种教学方法。基于任务知识的“主导—主体相结合”教学模式设计如图1所示：

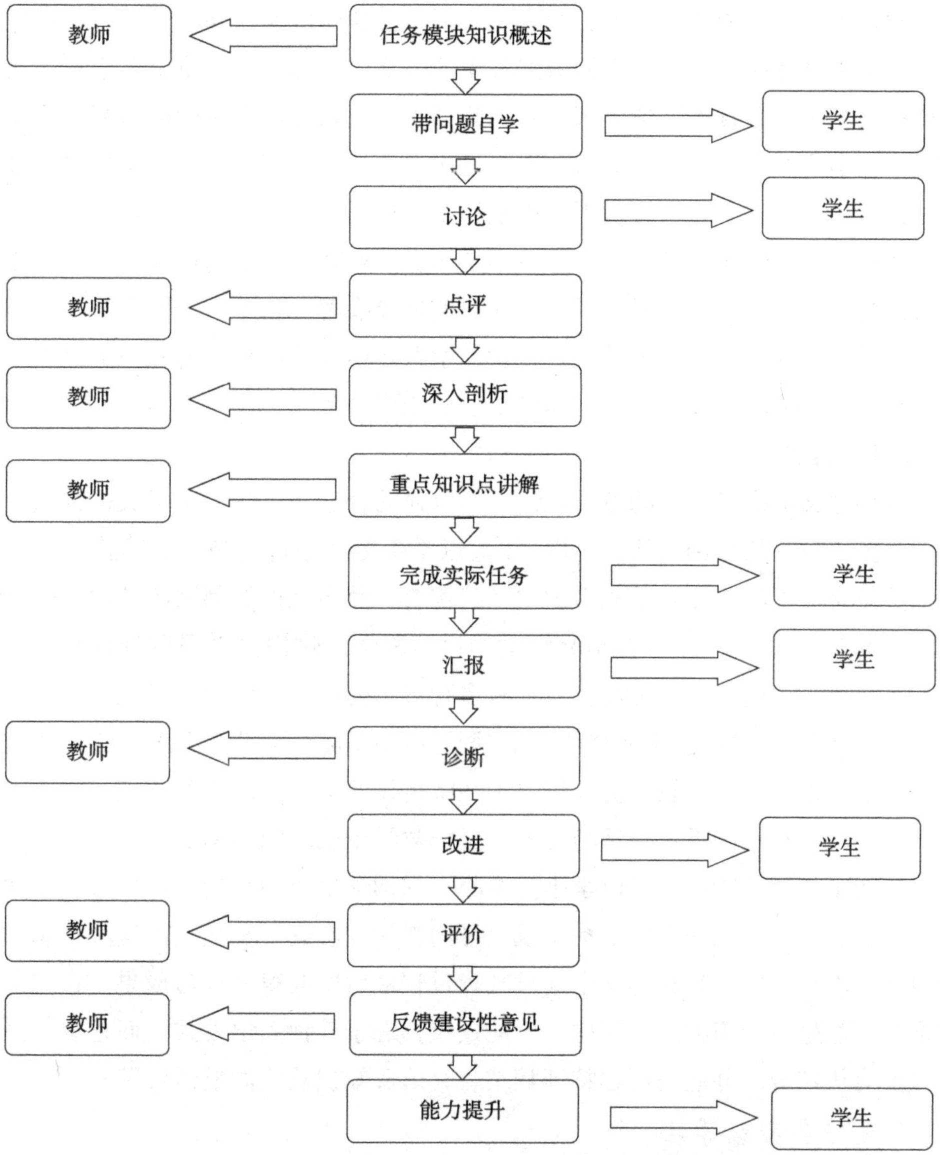

图1　酒店战略管理课程“主导—主体相结合”教学模式设计

3. 建构主义任务型教学法在酒店战略管理课程中的应用

3.1 建构主义

3.1.1 建构主义的知识观和学习观

建构主义（Constructivism）是学习理论中行为主义发展到认知主义基础上的进一步发展。

建构主义者认为知识并不能完全反映现实的准确情况，并不是问题的最终答案，在解决具体问题时需要人们根据具体情况具体处理。知识是个体学习者在特定情境下基于自身背景建构起来的。因此书本知识只是较为正确的解释，但不应成为学生学习的权威，从而要求学生全盘接受。学生应成为知识建构主体，拥有对知识分析、评判、建构、应用、检验的主动权。

另一方面，建构主义认为，学习不是知识由教师向学生的传递，而是学生建构自己的知识的过程，学习者不是被动的信息吸收者，相反，他要主动地建构信息的意义，这种建构不可由其他人代替。学习是个体建构自己的知识的过程，这意味着学习是主动的，学习者不是被动的刺激接受者。[6]

3.1.2 建构主义理论对教学的基本观点

建构主义提出了系统的教学理论，对以往的教学理论产生了极大的冲击。建构主义关于教学的思路如下：（1）注重以学生为中心进行教学。建构主义认为学生是信息加工的主体，是意义的主动建构者，而不是外部刺激的被动接受者和被灌输的对象。（2）注重在实际情境中进行教学。建构主义强调创建与学习有关的真实世界的情境，这种情境应具有多种视角的特征，使学习者在相关情境中解决现实问题。（3）注重协作学习。建构主义认为，学习者之间的合作使理解问题更加丰富和全面；教学应该提倡师徒式传授及学生间的相互交流、讨论和学习；提倡学生和教师进行对话与协商，这样对学生疑难问题解决很有帮助。[7]

建构主义理论的核心是以学生为中心，强调学生对知识的主动探索、主动发现和对所学知识意义的主动建构，成果导向教学理念进一步强化了这种认识，教学设计和教学实施的目标是学生通过教育过程最后所取得的学习成果。在实际教学之中，学生对知识的意义建构，不能仅仅拘泥于某种固定模式，而是多种教学方法的有机结合，并应与课程特征相结合，形成知识建构的最佳效果。

3.2 任务型教学法

任务型教学法是一种建立在“建构主义”理论基础上的教学法。学生的学习活动与任务或问题相结合，以探索问题来引导和维持学习者的学习兴趣和动机；创建真实的教学环境，让学生带着真实的任务去学习，在这个过程中，学生拥有学习的主动权，教师能动地引导和激励，使学生真正掌握所学内容，并通过任务举一反三。

3.3 酒店战略管理课程任务型教学法设计方案

根据“成果导向教育”思路，结合酒店战略管理的知识体系和课程特征，采用建构主义任务型教学法设计课程教学方案，通过项目任务——“模拟经济型酒店战略管理过程”构建课程教学体系。

任务说明书
模拟经济型酒店的战略管理过程

项目一　创建模拟经济型酒店

要求学生依据理论知识，综合行业特点、行业现状与产品特性进行分析、判断，给出模拟经济型酒店的框架。

基本思路是分若干小组各自制定自己小组的模拟经济型酒店，小组有权假设自己的企业背景，如国际连锁酒店集团在北京新设、增设或管理经济型酒店、国有酒店管理集团新设、增设或管理经济型酒店、私人所有的经济型酒店等，自行确定选址、品牌、特色、产权等内容，并据此形成基本设想，包括模拟酒店的名称、业务范围、设施、客源等，并对酒店组建的理由和可行性进行分析。

分值：10 分（评分点 1）

评价标准：完整性、创新性与可行性的平衡

项目二　模拟经济型酒店战略环境分析

要求各项目小组运用 PEST 分析法分析宏观环境的四个方面，利用波特五力竞争模型分析模拟酒店的竞争力量，对企业自身进行内部环境分析，运用 SWOT 分析法综合分析企业的内外部环境。

基本思路是根据每部分的分析内容展示各组对模拟酒店战略环境的分析思路和分析成果并提交实训报告，教师点评。

分值：宏观环境分析 10 分（评分点 2），运营环境分析 10 分（评分点

3)，内部环境分析 20 分（评分点 4），SWOT 分析 10 分（评分点 5）

评价标准：对分析工具使用正确，分析全面、准确、符合实际，思路开阔，有市场敏感度，有一定战略高度。

项目三　模拟经济型酒店愿景、使命和目标的确立

要求学生根据理论知识，理解企业愿景、使命和目标对企业的重要性，掌握制定愿景、使命和目标的步骤、思路、准则等核心要素。

基本思路是分若干小组为自己的酒店确定使命、愿景和战略规划阶段目标并以小组为单位展示。学生问答，教师点评。

分值：10 分（评分点 6）

评价标准：对概念的应用正确，符合企业实际情况，有一定战略高度，特点突出有特色。

项目四　模拟经济型酒店业务层战略、公司层战略的制定

要求学生理解掌握业务层战略和公司层战略各自制定的原则和适用条件，结合课程中案例分析的思路，借鉴案例中成功之处提出自己酒店的竞争战略和公司层战略设计，战略要求具有创新性和可行性。

基本思路是分小组讨论各自模拟酒店的战略选择方案，形成有形成品，向全班同学展示，教师点评。

分值：竞争战略 10 分（评分点 7），公司层战略 10 分（评分点 8）

评价标准：对各层次战略运用恰当，竞争战略有效、特点突出，公司层战略具有可行性，符合组织的战略方向和战略阶段目标。

项目五　模拟经济型酒店的战略实施路径选择

要求根据酒店所选择的业务层和公司层战略方案，匹配相应的资源配置、组织机构、企业文化、领导模式，确定战略实施路径。

基本思路是小组讨论，针对前面环节所选择的战略方案给出恰当的战略实施路径，并画出各小组经济型酒店当前阶段的组织结构图。

分值：10 分（评分点 9）

评价标准：所提方案有利于前面制定战略的实施，结构完整。

3.4 酒店战略管理课程过程考核评价机制

酒店战略管理课程考核机制根据课程教学改革思路进行相应调整，注重过程

考核和多元考核，具体方式如下：

成绩评定方式为考勤、平时作业、课堂讨论和期末任务四部分，总分为100分。

（1）考勤10%。缺勤超过1/3取消考试。

（2）平时作业，模拟经济型酒店项目任务满分100分，占总评成绩的60%。项目任务由项目小组合作完成，编制项目方案并进行展示汇报，平时成绩构成详见《任务说明书》。小组成员有个人绩效评分。

（3）课堂讨论10%。积极参加课堂讨论并主动发言，每1次得1至3分，本项最多不超过10分。

（4）期末任务，编写模拟经济型酒店战略管理方案，占总评成绩20%。

酒店战略管理课程是2011版酒店管理专业本科专业核心课程，2015版本科专业限选课程，其教学方法改革对酒店管理专业整体教学改革具有重要意义。专升本课程曾参与专升本职业分级课相教学改革和研究，经过3年实践摸索，已形成一定实践和研究基础，前期实践效果良好，对专升本学生的实务专题能力提升有显著效果。本科学生课堂参与度、任务完成效果和知识建构效果明显。在当前及今后教学过程中应继续加强对基于建构主义任务型教学法的“成果导向教育”的研究。

参考文献

[1] King, J. A. &Evans, K. M.. Can We Achieve Outcome - based Education? [J]. Educational Leadership, 1991 (49): 73.

[2] 马金晶. 成果导向教育博士课程发展研究 [D]. 西南大学博士学位论文，2012.

[3] 徐联恩，林明吟. 成果导向教育的改革及其在美国实践的经验 [J]. 教育政策论坛，2005 (8): 55.

[4] 李志义，朱泓，刘志军，夏远景. 用成果导向教育理念引导高等工程教育教学改革 [J]. 高等工程教育研究，2014 (2).

[5] Basim A - J, Hazim A - A. Curriculum assessment as a direct tool in ABET outcomes assessment in a chemical engineering programme [J]. European Journal of Engineering Education. 2010, 35 (5): 489 - 505.

[6] 温彭年，贾国英. 建构主义理论与教学改革—建构主义学习理论综述 [J]. 教育理论与实践，2002 (5).

[7] 杨维东，赵娟. 基于建构主义理论的“任务型、互动式”教学模式研究—以非英语专业硕士研究生英语课堂教学为例 [J]. 外语教学，2011 (5).

《旅游企业财务分析》课程改革初探

张玉凤①

【摘　要】旅游企业财务分析是旅游学院旅游管理专业、酒店管理专业课程教学改革中的一门专业课程。本文以旅游企业财务分析课程改革实践为支点，明确了旅游企业财务分析在旅游管理、酒店管理专业课程中的定位与目标，阐述了该课程的教学任务、实施过程及教学效果，提出了旅游企业财务分析课程教学改革的思路和模式。

【关键词】旅游企业；财务分析；课程改革

随着我国旅游产业迅猛发展，旅游产业国际化的趋势，对人才的需求层次、水平也日益提高。在此态势下，旅游高等教育走特色化办学之路，进行课程的改革，是战略性的睿智选择。为此我院教师积极进行教学改革，本课程就是基于PBL的旅游专业教学新模式课改课程中的一门。

1. 课程总体设计

财务分析是一门传统的会计、财务管理的专业课程，但是随着我院旅游管理专业、酒店管理专业教学改革的进一步深入，本课程面临着如何适应旅游管理、酒店管理专业教学改革的需要，重新进行课程的定位和设计，以及如何更好地完成教学任务的问题，为此我们进行了有益的尝试。

1.1 确定本课程的内容定位与课程目标

本课程立足于我校“发展应用型教育，培养应用性人才，建设应用性大学”

---

① 北京联合大学旅游学院。

的办学宗旨，服务于复合型、外向型和市场型旅游类经营管理应用型的人才培养目标，本课程引进了国际PBL教学方法，在经济学和管理学的基础之上，结合旅游企业的经营特点，针对旅游企业经营状况，通过对财务会计报表和相关信息的系统分析和深入研究，以培养学生综合运用会计学、管理学和财务管理等专业知识分析和解决实际问题的能力。

本课程的授课对象是旅游管理专业、酒店管理专业本科学生。本课程的教学目标是使学生理解和掌握财务分析内涵与具体方法，运用所学知识，对旅游企业的财务状况、经营成果、现金流量等财务信息做出正确评价，并且能够对企业未来发展趋势做出合理预测和判断。

明确了课程的定位和课程目标后，又将教学任务进行了细化和分解，完成了课程的流程设计。

1.2 本课程的教学任务分解

本课程由于首次以模块的方式进行授课，改变了传统的教学模式，为此本课程由几位老师共同讲授，任课的老师一起研究，相互讨论，就课程任务达成了以下共识：

1.2.1 课程总任务：某旅游企业总体财务分析

以课程论文的形式完成对一家旅游企业的总体财务分析，论文要求结构合理，逻辑层次分明；论文字数不少于5000字；论文首先要简单介绍所选定企业的资料。运用所学财务分析理论及方法，依据选定企业的会计报表及相关资料对企业的偿债能力、营运能力、盈利能力、成长能力进行分析；要求有计算过程。对影响企业上述能力的关键性因素进行说明并分析。得出相关结论、研究启示，探讨进一步深入研究的地方。

1.2.2 课程子任务

任务一：财务会计报表的总体分析

这部分要求学生应该掌握财务会计报表分析方法，并能撰写财务会计报表分析报告。了解财务会计报表分析的目的。了解财务会计报表分析的标准及其选择。掌握财务会计报表分析的依据，包括财务报告的构成、会计报表的格式、报表数据的基本内涵。

任务二：企业偿债能力分析

这部分要求学生应该了解企业偿债能力的基础理论知识，掌握反映企业短期偿债能力的指标及计算方法，掌握反映企业长期偿债能力的指标及计算方法，掌握对企业偿债能力的综合评价与分析。

任务三：企业营运能力分析

这部分要求学生应该理解旅游企业营运能力分析的含义、内容及目的，掌握旅游企业营运能力分析的主要指标和方法，理解营运能力分析与其它财务分析内容的关系，能够结合企业实际情况对营运能力进行恰当的分析。

任务四：企业盈利及成长能力分析

这部分要求学生应该了解有关企业盈利能力、企业成长能力的基础理论知识，掌握反映企业盈利能力的指标与计算方法，掌握反映企业成长能力的指标与计算方法，掌握企业财务状况的总体分析方法与技能。

1.3 课程教学任务的实施过程

在老师完成上述内容的讲解后，学生们以小组为单位进行，查找相关资料并进行小组分工。各项具体任务由各组的组长负责安排。

在各组组长的统一安排下，利用课余时间按照相关要求完成下列任务：

1.3.1 以选定的旅游企业为研究对象

针对本模块涉及到的相关知识，收集所选企业近五年的财务报表（包括资产负债表、利润表、现金流量表）年报数据。

财务报表数据的收集可以利用互联网（如：证券之星网、和讯网、新浪财经等）上公布的上市公司的年报数据，也可以学生自行利用各种渠道收集旅游企业的年报数据。

1.3.2 整理资料及调研结果

按照讲授的分析方法与技术，对选定企业的偿债能力、营运能力、盈利能力进行分析，并对其相关因素进行研究。

1.3.3 撰写企业子任务财务分析报告

撰写调查报告需包含以下内容：

第一，简要介绍所选定企业的背景资料，包括企业性质、所在地域等相关内容（选定的企业在整个模块课程中贯穿于始终，一经确定不能变更）；

第二，按照讲授的分析方法与技术，对选定企业偿债能力、营运能力、盈利能力相关指标进行计算并分析；

第三，对影响企业各种偿债能力、营运能力、盈利能力的关键性因素进行简要评价；

第四，对所选定企业的偿债能力、营运能力、盈利能力得出调研结论，并探讨需要进一步深入研究的地方。

1.3.4 **演示汇报阶段**

要求同学们将实施阶段的内容制作成PPT，然后推选一位演讲人进行演讲，其他成员补充并回答老师和其他小组同学提出的问题。之后由教师和同学们按照该小组的汇报情况进行评分，得出该部分所学内容的得分。之后上交PPT及相关原始资料，并预习下一模块的内容。

1.3.5 **完成课程论文**

在以上四个阶段的教学任务完成后，同学们以选定的企业为对象，通过对企业资料的搜集整理，结合老师所讲授的财务分析内容，和小组前期的工作，完成本课程的论文撰写工作。

1.4 本课程教学形式变革

教师的“教”和学生的“学”是教学方法的两个基本要素。在财务分析这门课程中，老师如何把教学内容包含的信息准确传授给学生，并让学生有效地掌握知识，这就是教学的关键问题。传统教学形式还是采取“以自己为中心，以教科书为依据”“填鸭式”的单向信息传输方式。在大多数情况下，学生不能有效地参与教授过程，教师按部就班地讲授课本上的理论知识，并不厌其烦地对每一个指标进行解释、分析。

同时，学生要做的好像只是听或做笔记，几乎没有什么时间来独立思考，从而造成学生思维和学习的被动，影响了学生解决实际问题的能力培养。这种模式由于明显缺乏师、生之间互动性，课堂气氛较为沉闷。直接结果就是老师在讲台讲得“眉飞色舞，唾沫四溅”，而学生在下面“无精打采，昏昏欲睡”。到了考试的时候，一般的学生只知道固定的题型怎么解答，如果更换了形式又或者补充了某些条件就不知如何分析了，更不谈在以后的实际工作中，面对千变万化社会环境及时对财务报表的做出准确的职业分析判断了。为此本课程为了改变这种状况在教和学上进行了一些探索：

1.4.1 **课堂教学和学生课内外自主学习相结合**

为了更好地体现以学生为本的教育理念，发挥学生的学习积极性，突出学生在教学过程中的能动作用，相应的教学方法摒弃了传统的教师口述的方式，而是通过模块化教学，即几位教师在课堂上讲授财务分析的主要知识点和方法，布置相应的教学任务，学生根据任务要求，以自学及小组为单位学习相结合来完成本课程的学习。

1.4.2 激励学生自主学习、积极探索创新

由于模块课程更强调学习过程，在教学中更多的时间和空间都留给了学生。教师精心设计问题，引导学生自主学习，思考并回答老师提出的各类问题。更重要的是，在这个过程中需要学生提出自己的问题，分析、讨论、解决问题，同时学生的问题在一定程度上能够进一步丰富完善教师的教学内容，教师学生之间相互促进，教学相长。

2. 本课程讲授内容与技能培养

本课程的教学内容是围绕子任务的四个模块展开的：旅游企业会计报表总体分析、旅游企业偿债能力分析、旅游企业营运能力分析、旅游企业盈利及发展能力分析。

在课堂上，我们选择了旅游企业具有代表性的首旅股份公司作为授课案例，并以此贯穿整个财务分析的教学过程，向同学们讲授财务分析的相关理论知识和技能，将基础理论和基本方法运用于教学实践的中间环节，能够使抽象的理论和方法变得易于模仿和操作。同时为了使学生们更好地完成教学任务的要求，我们在每一个模块给学生下达了任务书，就学生应知、应会的专项技能进行了细化，同时就具体的操作步骤进行了规范，并提出了具体要求。教学设计中我们还给学生安排了一系列的自学内容，因为模块教学是教师授课与学生自主学习、和团队配合相结合的教学模式，因此我们要求学生课后通过查找相关书籍、资料完成自学的部分，同时以小组为单位，分工协作，搜集资料、相互研讨，针对旅游企业的实际问题，进行分析和研究，并将结果以汇报和报告形式呈现出来。在课下的时间里，更多地要靠同学们的自主学习，需要将理论与实践相结合，在这个过程中，对于同学们遇到的问题，我们及时给予指导和讲解，辅助同学们完成任务。

在课堂汇报的时候，同学们需要将自己的研究成果展示给老师和同学，并要解答老师和同学们提出的问题，这就需要同学们不仅要能够完成作业，同时还要能够将相关知识真正的融会贯通，用于解决实际中的问题。

3. 本课程的教学效果及存在问题

3.1 教学效果

在以学生为主的针对特定的旅游企业财务分析中，学生按照课堂上讲授的知识与方法，对其所选定的旅游企业的进行相应的财务分析，并且应用财务分析分

析法对企业财务状况进行总体分析，提高了学生对知识与方法的应用能力。

由于财务分析专业性很强，同时又需要与企业具体的经营管理实践相结合，因此对学生的知识与能力的要求相对较高。学生在分析过程中，经常会遇到问题，在我们耐心地指导与讲解下，都能够按时完成任务。

在后面的学生汇报与教师评分过程，学生需要以 PPT 形式，将所进行的财务分析进行课堂汇报。同时，在学生汇报过程中，我们不仅对其进行评分，而且还要指出其分析过程中的错误与不足，要求其在课后进一步纠正、补充与完善。同时，在汇报过程中，还会针对性提出一些问题，要求学生马上进行回答，这样既考查了学生对知识与方法的掌握程度，又锻炼了学生的应变能力与分析判断能力。

需要进一步说明的是，我们上课堂上讲授时，不仅仅局限于对旅游企业财务的分析，而且还关注企业财务信息与经营管理之间的关系，不仅要让学生明白企业财务数据与指标的含义与计算方法，还要让学生明白这些财务数据与指标背后的经营与管理含义，即要求学生不仅要“知其然”，而且要“知其所以然”，以实现学后的全面发展与综合提高。

另外，我们还会结合日常家庭生活中理财与投资小事例，说明与探讨财务分析在日常家庭经济生活中应用，培养其自身的理财与投资能力，提高其职业发展与社会生存能力，尽可能满足于学生未来发展多方面的需要。

3.2 问题与思考

就目前看，在课程讲授主要存在以下两方问题，需要进一步加以克服与改进：

一方面，在课堂讲授过程中，尽管我们采取了极大努力，使课程讲授能够生动、活泼与易于理解，但是由于学生的财会知识基础层次存在较大差别，特别是专升本学生，其财务知识相对薄弱，对课程知识的接受还不够理想。在之后的备课与讲授中，还要进一步提高知识的可接受性，提高这部分学生的知识的接受能力。

另一方面，在平时的小组分工中，学生学习的努力程度与贡献存在较大判别，仍然存在一定程度的“坐轿子”与“搭便车”现象。通常小组组长为了完成任务，都非常努力，但是部分小组成员，不够积极努力，但是学生们也会碍于情面，不向教师说明，这样就使最终的成绩评定，没有充分体现公平性。这样，需要在今后的教学中，进一步完善学生的监控与评价机制，充分调动学生的学习的积极性，更好的理解与掌握教学知识。

4. 结论

课程改革在当前知识不断更新，高速发展的信息时代，对于推动高校教育改革具有重要的意义。财务分析课程的改革才刚刚起步，需要不断加以丰富和完善，这就需要我们不断探究和努力，提高财务分析教学效果，以更好地完成教学改革，培养适应社会需要的高素质综合型旅游人才。

参考文献

[1] 吴殿朝. PBL 教学的价值分析 [J]. 中国高校科技与产业化，2011 (5)：42－43.

[2] 杨雪，孙杰，吴春雨，庄文献，李肖锋，王倩，高林林. 基于 PBL 教学模式的问题设计研究 [J]. 中国高等医学教育，2011 (6)：22－24.

[3] 耿立华. "模块式" 教学模式的理论体系研究 [J]. 教学与管理，2010 (12)：15－16.

[4] 李丹丹，胡丽琴，刘雪梅. "教学做" 一体化教学模式探讨 [J]. 计算机教育，2010 (13)：70－73.

[5] 王玮. 基于 PBL 的旅游专业教学新模式 [J]. 旅游学刊 (人力资源与教育教学特刊)，2005：108－110.

[6] 崔炳权，何震宇，王庆华，李红枝. PBL 教学法的研究综述和评价 [J]. 中国高等医学教育，2009 (7)：105－106.

以图解教学为主体的融合教学法分析

——以酒店管理专业《会计学》课程为例

何 滢[①]

【摘 要】本文以酒店管理专业《会计学》课程为例，分析了图解教学法在实际教学应用中的优势，并以此为基础探讨了图解教学法与问题导向式教学法、案例教学法等多种教学方法的融合应用。

【关键词】图解教学法；问题导向教学法；案例教学法

1. 研究背景

经济越发展，会计越重要。会计是以提供经济信息、提高经济效益为目的的一种管理活动。酒店管理专业的学生作为未来的酒店管理者需要学习会计学掌握会计知识。会计学是研究如何运用正确的会计方法真实、客观、及时、全面、系统、连续地确认、计量、记录与列报社会再生产过程中资金运动及其反映的经济信息的一门学科。《会计学》课程是工商管理学科大类必修课程，主要包括会计学基本原理、会计核算方法、会计工作组织与程序三部分内容。被誉为“商业语言”的会计学涉及大量专业术语、具体核算方法和多样组织程序。笔者在教学过程中不断探索寓教于乐并结合专业特点的教学方法，试图将学生原本印象中枯燥的会计学原理、纷繁复杂的会计核算变得让学生学习起来更容易一些、更有趣一些。笔者在教学实践中尝试以会计学基本概念为起点，以知识脉络为主线，通过运用图式呈现基本概念、章节基本知识点及其脉络，帮助学生轻松入门，在学习

---

① 北京联合大学旅游学院酒店管理系，讲师。

过程中做到对基本知识点的理解与把握能由点到线、由线到面、由面到网，从而系统、全面地理解和掌握所学知识，更好地学以致用。

2. 国内外研究现状

图解教学法是教师在教学过程中利用图表、图例、图片、图形、图像等形式，结合语言、文字、字符及其他形式，对教学内容所涉及的事物、事实、事例、事件和过程的形态、性状、关系模式进行描述和展示，使受教者加快加深对问题的理解、对事物的构造、机能、功用、特点、外延与内涵有更清晰的认识。[1][2]从 20 世纪 60 年代英国人 Tony Buzan 创造了简单有效表达发射性思维的改进笔记方法的思维导图，[3]到 David P. Ausubel（1978）强调以学习者为中心，只有学习者了解所要学的概念的意义，学习才会有成果。因此主张教学首先要了解学习者已有的认知结构，并以此为基础教授新的概念，与学习者现有的认知结构相关联。[4]再到 Novak and Gowin（1984）带领一个研究小组在康奈尔大学推动一系列活动的结果显示概念构图法是一个能促进学生学习成效的学习方法。[4]近半个世纪以来，国内外众多学者结合特定教学领域实践展开了图解教学法研究。

邱垂昌（1988）、陈美纪、康自立和徐敏芳（1999）以中级会计学教材进行概念构图实验教学。邱垂昌、陈瑞斌（2000）实证研究结果显示概念构图能有效促进学生高层次认知及帮助学生整合观念，亦有助于学生较低层次认知能力的培养。何治玲（2002）探讨将概念构图与合作学习应用与会计科目教学。[4]陈莉（2008）提出运用会计图解教学法要求教师吃透教材、系统归纳，有利于学生提纲挈领地掌握所学知识。[5]陈牡丹（2009）以概念构图法融入会计案例，发现多数学生肯定概念构图法对于厘清题意、拟定解题计划、搜寻及应用相关会计原则与概念有益。[4]莫锦笑（2009）认为在各种教学方法中，《会计学原理》课程的教学如果较多地使用图解教学法和案例教学法，教学效果会更好。[6]冯建荣（2009）强调加强会计学教学的系统性，突出教学重点、难点与特点，应较多地应用图解教学法。[7]陈其末（2010）在多年的银行会计教学实践中发现，运用图解教学法往往会收到很好的教学效果，在银行会计教学中应大力提倡图解教学法，应当把图解教学法作为银行会计教学方法的核心内容。[8]容辉（2010）认为《基础会计学》课程教学方法改进中应较多地应用图解教学法和案例教学法。[9]肖建义（2011）认为会计教学实践证明图示教学法是一种非常有效的会计教学方法，使学生对枯燥乏味、晦涩难懂、抽象的会计知识理解得更容易、更透彻、更深刻。[10]任丽丽（2011）通过教学实践活动认为会计教学，尤其是非经济类专业会计教学中，最能取得满意效果的是图解教学法和案例教学法。[11]吴娟娟、周台龙（2012）实证研究发现图解法有助于提高学生学习成本会计的成效。[3]姚艳（2012）、徐海清（2014）认为将图解教学法应用于基础会计学教学中有助于提高学习者注意力，激发学习者学习动机。[12][13]郭红彩（2014）采用DID模型对概念构图法在会计学教学中的应用和效果进行了探讨，研究发现概念构图法的确对学生产生了较好的效果，帮助学生跨越会计核算的障碍，使学生能从琐碎枯燥的会计分录中解脱出来，有利用激发学生的学习兴趣。该方法也可延伸到财务管理等课程中。[14]

综上所述，在国内越来越多的教育者将图解教学法应用于《会计学》等相关课程，收到了良好的教学效果。笔者在《会计学》课程教学实践中尝试以问题导向式教学法为引导，以图解教学法为主体，以案例教学法为载体，不断丰富图解教学法的内涵。

3. 图解教学法应用特点分析

3.1 化繁为简，突出要点

《会计学》课程中涉及大量的会计学专业术语，这对初学者而言是一个难点。在教学实践中，笔者认为图解教学法有助于将这些繁杂的基本概念通过简单、形象的图示展现出来，使学生既能快速把握相关基本概念的要点，又能全面、完整地理解这些基本概念，为后续学习打好基础。例如：会计要素、会计科目、账户等专业术语对于初学者而言比较抽象，教师通过简洁的图示讲授这些基本概念，化繁为简、突出要点，有助于初学者理解和学习。

3.2 化零为整，强调整体

《会计学》课程围绕企业资金运动发生的一系列经济交易进行确认、计量、记录与列报，为相关决策者提供经济信息，提高企业经济效益。该课程主要讲述会计基本理论、会计核算方法与会计组织程序等。在教学实践中，笔者认为图解教学法有助于将企业纷繁复杂的经济交易、丰富多彩的财务活动、纵横交错的财务关系等零零散散的每一个知识点以企业资金运动为主线连接成知识链条，使学生在学习每一个知识点的同时能全面理解和把握知识点之间的关联性，从整体上把握知识脉络。例如：以企业资金运动为主线，将会计对象—会计要素—会计科目—账户—账簿—财务报表等知识点通过图解教学法可化零为整，有助于学生理解每个知识点及知识链条。

3.3 化整为零，拓展链接

《会计学》课程内容与《财务管理》《财务分析》《管理会计》《经济法》《税法》《审计》《战略管理》《管理学》等课程相关内容紧密联系。在教学实践中，笔者认为图解教学法有助于学生在把握《会计学》课程本身知识脉络的同时，链接相关课程的相关内容，有助于学习者理解和把握课程之间的关联，构建系统的开放式知识网络。例如：企业以资金运动为主线发生的筹资、投资、营运及收益分配活动是《会计学》课程核算的主要内容，也是《财务管理》课程管理的主要内容，但是分析的角度不同，这些财务活动的结果都会集中反映在会计工作的成果“财务报表”中，这也是《财务分析》课程分析的依据和主要内容。《会计学》课程重核算、《财务管理》课程重管理与决策、《财务分析》课程重分析与决策。与此同时，企业的上述财务活动与《经济法》《税法》《管理会计》《审计》《战略管理》《管理学》课程的相关知识点相关联。教师通过图解教学法链接相关课程知识点有助于学生举一反三、融会贯通地学习《会计学》及相关课程。

4. 图解教学法应用要点分析

4.1 图示准确性

笔者认为在教学实践中应用图解教学法的第一个挑战在于图示的准确性。无论是表达《会计学》课程中的基本概念与基本方法，还是知识点之间的联系，以及课程之间的链接，都要求教师保证提供图示的准确性。这就要求教师吃透教材、全面、系统、深入地掌握课程基本知识点、重点与难点以及课程之间的关联性。

4.2 图示简洁性

笔者认为在教学实践中应用图解教学法的第二个挑战在于图示的简洁性。只有简洁的图示才能发挥提纲挈领、突出要点的作用。只有简洁的图示才能吸引和激发学生的学习兴趣。只有简洁的图示才能起到事半功倍的作用。这就要求教师把握课程要点与实质以及相关构图技巧。

4.3 图示完整性

笔者认为在教学实践中应用图解教学法的第三个挑战在于图示的完整性。无论是表达基本概念、基本方法，还是强调重点与难点，只有完整的图示才能保证所呈现内容的完整性与系统性，使学习者全面地理解和掌握学习内容，构建知识链条与网络。这就要求教师系统、完整地把握课程及课程之间的联系。

5. 图解教学法应用融合

在《会计学》教学实践中，笔者认为图解教学法的确是一种高效的教学方法，但并不是唯一的教学方法。在教学过程中，结合课程内容，教师将图解教学法与问题导向式教学法、案例式教学法、启发式教学法、自学式教学法等方法融合应用会锦上添花。笔者认为图解教学法应用融合需要注意以下三个要点。

5.1 问题导向式教学法为引导

笔者认为在《会计学》课程教学过程中，教师不仅要引领学生思考、学习课程知识，还要肩负培养学生自主探索学习的能力，因此教师以问题导向式教学法为引导，结合课程内容，不断提出问题，引导学生积极思考，不仅有助于学习者学习课程知识，还有助于培养学习者的自学能力。

5.2 图解教学法为主体

笔者认为在《会计学》课程教学过程中以问题导向式教学方法为引导提出问题，以图解教学法作为主要教学方法分析问题、解决问题，能帮助学生轻松入门、把握要点、由点到线、由线到面、由面到网系统学习和理解相关知识。

5.3 案例式教学法为载体

笔者认为在《会计学》课程教学过程中，教师在每章开篇和小结时结合实际案例围绕章节基本知识点、重点与难点提出问题，要求学习者在学习过程中应用图示分析问题、解决问题，有助于学习者融会贯通、学以致用，系统理解和应用章节知识。

在整个教学过程中图示教学法应用融合的要点是教师以问题导向式教学法为引导、以图解教学法为主体、以案例教学法为载体系统教学。

6. 结论

从20世纪70年代末国外学者开始研究概念构图教学法到20世纪80年代末中国台湾学者在中级会计学领域探索概念构图实验教学，21世纪更多的教师在不同学科教学领域特别是会计学教学领域实践着图解教学法。实践证明，图解教学法是一种高效的教学方法。

笔者认为在酒店管理专业《会计学》课程中应用图解教学法，可以发挥其化繁为简、突出要点；化零为整、强调整体；化整为零、拓展链接的特点。同时，以图解教学法为主体，融合应用问题导向式教学法和案例教学法有助于学生全面、深入地学习《会计学》课程。

参考文献

[1] 徐平. 图示与图解教学法的理论与实践 [J]. 当代电大（经济），1995（3）：91 -94.

[2] 王文海. 现代教学的“十大教学法”（一）[J]. 中国电子教育，2005（2）：62 -64，75.

[3] 赵国庆，陆志坚. “概念图”与“思维导图”辨析 [J]. 中国电化教育，2004（8）：42 -44.

[4] 吴娟娟，周台龙. 图解法对提高成本会计学习成效的研究 [J]. 武汉职业技术学院学报，2012（2）：24 -29.

[5] 陈莉.《基础会计》教学方法之我见 [J]. 中国科教创新导刊，2008（31）：147.

[6] 莫锦笑.《会计学原理》课程特点与教学方法探析 [J]. 职业教育研究，2009（2）：80 -81.

[7] 冯建荣. 会计学教学应注意的几个问题 [J]. 中国教育技术装备，2009（14）：72 -73.

[8] 陈其末. 图解教学法在银行会计教学中的应用 [J]. 财会月刊，2010（1）下旬：107 -108.

[9] 容辉. 基础会计学课程教学方法改革探讨 [J]. 商场现代化，2010（6）中旬：145 -147.

[10] 肖建义. 图示教学法在会计教学中的应用 [J]. 林区教学，2011（2）：7 -8.

[11] 任丽丽. 非经济类专业基础会计学教学方法初探 [J]. 河南农业，2011（7）下：13，15.

[12] 姚艳.《基础会计学》教学方法设计——借贷记账法在工业企业中的应用 [J]. 财会通讯（综合），2012（7）上：36 -39.

[13] 姚艳，徐海清. 提升《基础会计学》课堂教学质量四原则 [J]. 课程教育研究，2014（5）上旬：230 -231.

[14] 郭红彩. 会计教学概念构图法应用 - 基于 DID 模型分析 [J]. 财会通讯（综合），2014（6）上：49 -50.

实践教学改革与创新篇

酒店管理专业实习生面临的机遇与挑战

罗振鹏①

引　言

毕业实习是学生完成学业必要的内容。这一环节是与专业人才培养目标一致的，即应用型管理人才。通过实习，酒店管理专业学生可以把所学的理论知识应用于酒店运营管理工作中，同时增加酒店运营管理的感性认识。从知识的角度，实习是专业知识与实际运营知识有机结合的一个过程；从学校教育的角度看，实习是对专业人才培养成果的一个检验；而从学生职业生涯发展的角度看，实习是一个从校园步入社会的一个过渡，这一过渡对学生今后能否顺利走向职场至关重要。因此，酒店实习这一环节对于培养合格的人才以及学生今后的自我发展必要而且重要。

而近年来的实习过程中总会出现不愉快的事情，例如学生的抱怨、换实习单位、中断实习等现象。虽然后者是少数，但是抱怨是大部分学生的普遍现象。如果不予以足够的重视，这些问题不但会对实习的效果产生负面影响，也会造成酒店对学校的不良印象，以致将来可能加大与酒店实习合作的难度。这既不利于学生的学习和发展，也不利于教学计划的顺利完成。因此，本论文将对以上的现象进行简单的分析，从中发现问题产生的原因，为培养计划的设置、教学方法改进以及实习工作的管理提供合理的建议，从而进一步完善教育教学管理工作，提高酒店管理专业的教学水平。

由于教育的主体是学生，所以本论文就以学生为研究对象，围绕其在实习过

---

① 罗振鹏，北京联合大学旅游学院酒店管理系，博士，副教授。

程中面临的挑战与机遇这一主题，从学生个人、学校教育以及实习酒店管理的多视角来进行展开，通过对酒店管理专业实习生的指导过程的所见所闻，深入酒店管理专业实习生的现状、问题产生的原因及对策。

一、学生面临的挑战

目前学生在实习中面临很多挑战，归纳起来主要有以下几个方面：自身问题、专业知识、工作环境。下面分别进行分析。

1. 自身问题

学生在实习中从自身方面暴露出一些制约实习顺利进行的问题。这里主要由自身的身体素质、实习前的思想准备、以及学生的实习态度。

1.1 身体素质

通过观察和学生反映发现，很多学生，尤其是女生，身体素质较差。这源于一直以来缺少必要的体育锻炼习惯和缺少平时的训练。在实习初期，有些学生因为体力不支会产生调换工作或放弃实习的念头。这种现象在近几年尤为明显。因此身体素质已成为学生实习的一大挑战。

1.2 思想准备

有些学生实习前对实习工作的负担和工作环境的复杂性没有必要的思想准备，以至于在实习初期会产生实际与自己想象的工作落差很大，甚至不能接受，产生逆反心理。

1.3 实习态度

有些学生本来就不热衷于未来在酒店工作，因此开始就表现出不认真对待、怠慢实习工作的态度。这些态度会反映在行为上，会产生酒店管理人员对实习生的不良印象，甚至会产生矛盾，不利于学生实习的顺利进行。

2. 专业知识

学生所学的专业知识在实习岗位存在两个问题：一是学无所用，即单一的实习岗位所需的理论知识是很少的；二是学不适用，即所学的知识与实际运营不一致或不充分。这一点在前台操作系统的应用上问题是明显的。这反映了专业课程设置的针对性还有待加强。即使有了针对性，课程内容的实用性也是值得探讨的。另外，如何让学生熟练掌握相关知识或操作也是一个问题。这可能与实践教学的时间设置有关，例如 OPERA 操作系统使用，几届学生都反映不能上岗就用。其中两周的集中实践教学安排可能不利于学生熟练掌握和消化相关的知识，以至于学生到酒店后还要慢慢消化和学习。专业英语也是一个非常重要的知识内容。高星级酒店国外客人偏多，在服务上语言沟通和专业词汇非常重要。尤其是在前厅、酒吧和餐饮部门要求更高，学生有时不得不边实习边记单词来提高自己的英语沟通水平。以上两种情况会让学生感到迷茫，即将来在酒店工作，有必要学习那么多专业知识吗？另外，在学校所学的知识不能胜任酒店实习，我们的培养计划是否完美？至少后者给学生顺利进行实习工作带来了挑战。

3. 工作环境

实习酒店对学生来讲是一个陌生和新奇的环境。酒店与校园截然不同，它是一个小社会，酒店里的一切就像现实社会一样，有不同类型的同事、不同层次的顾客和不同的服务部门，因此这一环境实际上是非常的复杂。和同事及上下级的相处、应付不同要求的客人以及部门间的协调都需要很好的沟通和人际关系能力。应对这些关系，学生不能再向校园里和同学那样随意和不在意，哪一点做不好都会引来同事关系的紧张、客人的不满意以及服务的失误。有些酒店为员工提供的生活环境也是很不尽人意的，而单一的工作更给学生造成枯燥感。因此学生出来要面临酒店生活条件的考验，还要面临人际关系和沟通方面的挑战。以上这些挑战已经成为学生实习中面临的主要问题。尤其是独生子女，越来越以自我为中心，缺少服务意识和吃苦耐劳的精神，不能吃亏的心理都对学生的态度和行为造成不良的影响。因此，学生往往会抱怨同事或酒店正式员工的不公平待遇、工作的辛苦等，好像错误都是别人的，自己是受害者。这些挑战处理不好，严重了会让学生产生换岗位、换实习酒店甚至放弃实习的想法。这也是近几年不断出现的现象。

二、实习提供给学生的机遇

学生酒店实习即使面临很多挑战，他们也通过实习得到很多的机遇。这些机遇对学生未来真正走上职业生涯和未来的发展有着非常重要的意义。这些意义主要体现在以下几个方面。

1. 走向社会的过度

正如前面所说，酒店就像个微缩的社会。学生实习期间可以体验到各种社会现象。但总的来说酒店比现实的社会又简单一些，因此酒店为学生认识社会、接触社会提供了一个机会。形形色色的人、错综复杂的事物都对学生完整世界观的形成、思想的成熟非常重要。实习期间遇到的磕磕碰碰会让学生逐渐成熟起来，并积累一定的社会经验，也为在不久的将来走向社会打下好的基础。因此，酒店实习就是从校园走向社会的一个过渡。尽管这期间会出现很多不适应和各种问题，但这对学生的未来发展是一个必要的步骤，也是有益的。

2. 专业知识提升

学校教授的知识与酒店应用知识存在差距，但是二者有机的结合会提升学生的综合水平。学校所学的知识侧重理论，而酒店实习更侧重应用，包括酒店对实习生的培训。二者的结合会提高学生对酒店服务的认识，同时也会对服务的设计和提升起到重要的作用。简单来说，实习弥补了学生在学校学不到的知识，使学生的知识更专业化。而实习过程中也提高了学生各方面的知识如外语及沟通能力、实际操作能力等。因此，学校所学知识与酒店知识的结合是酒店管理专业知识体系形成的必要过程和手段，而不经过实习的学生永远达不到这一层次。很好抓住这个机会的同学在专业知识方面会取得很大的进步。

3. 提高人际关系与沟通能力

酒店服务需要接触不同的顾客，与新的同事打交道，因此要求学生具备良好的人际关系能力和沟通能力。但这是一个学习的过程。开始阶段学生和酒店同事一般都会产生一些摩擦，与顾客的沟通也存在能力和知识的局限性。随着实习的进行，与同事间的摩擦会慢慢解决，而与顾客沟通所需的知识和方式也会逐渐熟练并进入状态。因此，实习对学生的人际关系能力和沟通知识的掌握是非常重要的。

三、结论与建议

1. 结论

前面分析了酒店管理专业实习生面临的挑战与机遇。挑战主要源于个人对实习工作的从不适应到适应的过程。但其中学生自身的素质、专业知识的应用性、学校的实习教育以及实习间的指导、酒店的工作环境及工作特性都与这些挑战具有一定的关系。好的身体素质能够应对沉重的体力劳动，坚强的毅力对于学生度过难关非常重要。专业知识与酒店工作的一致性会减少学生工作上的压力，而实习前的思想教育会让学生有充分的心理准备和良好的工作态度。学生实习间总会发生各类问题，因此指导教师的作用此时是非常重要的。指导教师可以帮助学生分析问题的原因和解决方法，从而使实习顺利进行。

学生实习遇到的机遇也是多方面的。这些机遇丰富了学生的社会经验、提高了学生的人际关系能力以及沟通能力、弥补了专业知识的不足，同时使学生不断成熟，便于他们未来走职业生涯的旅途。

2. 建议

鉴于实习生面临的机遇与挑战，应该多层次、多方面、多阶段对实习进行必要的管理和教育。

从多层次教育角度看，为了学生顺利完成实习任务，首先学校或者系里要针对学生的实习态度进行教育。另外也需要对实习间即将遇到的问题和处理方法进行归纳总结，使之成为学生实习的指南，让学生有充分的心理准备。另外在知识内容的设计上，要尽量与酒店的实际运营接轨。学校也应该充分利用体育设施设备，在学生身体素质锻炼方面提出更高的要求，否则单薄的身体对实习和今后的正式工作都是弱点。这些方面确实存在一定的差距。

一般正规酒店对实习生的培训与管理是很规范的，尤其是运营知识的培训。但对学生思想动态和相关的教育似乎有些欠缺。酒店运营很忙，因此主管和学生之间的详细沟通也不是很方便，一旦出现问题也不容易马上解决。但是酒店主管或部门经理在发现学生问题的情况下最好和指导教师进行沟通，以便早发现问题，及时解决问题。这一合作机制应该建立起来。另外轮岗实习机制会增加学生工作的积极性，也会减少鼓噪感，更利于学生全面掌握酒店管理的运营知识。

指导教师在实习期间的作用非常重要。首先学生有问题就会向指导教师反映，因此教师要做到及时、认真对待学生的问题。要及时和酒店进行沟通，搞清问题的真相，帮助学生度过实习期的不适。另外指导教师也可以指导学生充分利用酒店的机遇，丰富自己的业务知识、提高自己的外语以及沟通能力、学会处理好人际关系等。指导教师到酒店去指导有利于与酒店加强了解和信任，有利于学生提高认识、克服困难，转变态度和解决个人细微的思想和其他方面的问题。

家长在学生实习间的作用也是重要的。对学生出现的思想和其他问题，家长应该了解具体情况，客观地对待这些问题。尤其是不要只站在自己孩子的角度看问题，而要教给孩子克服困难以及处理人际关系的常识。家长的推波助澜会让情况更加恶化，而有益的开导会让问题化解。

从多方面的角度看，实习生遇到的问题是多方面的，如知识问题、思想问题、态度问题、人际关系问题、工作环境问题等，因此这一阶段需要的知识与教育涉及的内容是很多的。当然，具体的问题解决涉及到上面提到的不同人员或机构。

从多阶段的角度看，对实习生的教育应该体现在实习前、实习中及实习后三个阶段。实习前的教育主要针对可能发生的问题进行思想教育、挫折教育、往届实习生经验分享、实习指导手册的编写和学习，其主要目的是避免问题发生。实习期间教育主要针对具体问题，由指导教师、学校和酒店管理层进行，目的是发现问题苗头或解决已发生的问题，避免问题扩大化。实习后教育是要组织学生进行实习总结，包括实习周记、实习经验总结，这一阶段把发生的问题和解决方法进行分析整理。这些总结一个是把自己所学的知识进行梳理，同时丰富教师的教学案例，另外也可以丰富学习指导手册的内容，为下届学生的实习活动积累宝贵经验。

以上是对酒店管理专业学生实习面临的机遇与挑战的分析。随着酒店业的竞争，独生子女学生人数的增多，以上反映的问题会愈加明显。做好学生实习教育和指导已经成为应用型教育的重要环节。把实习中的每个环节都做好是一个巨大的工程，也是一个系统工程。一个学校、酒店、学生以及家长的系统中各部分的有机结合会提高学生实习的质量，对学生顺利完成学业和走向职业生涯非常重要。因此作为学校教育，学生的实习活动还有很多问题需要研究和解决。

参考文献

[1] 陈艾娜. 酒店实习生管理模式的探讨 [J]. 学术探讨，2012 (4).

[2] 陈艾娜. 浅谈缓解酒店实习生工作压力的对策 [J]. 中国管理信息化，2013 (16).

[3] 高雯雯. 星级酒店实习生流失原因与对策研究 [J]. 价值工程，2014 (33).

[4] 柳礼奎. 酒店实习生职业意识欠缺的根源与对策探讨 [J]. 天津职业学院学报，2013 (1).

[5] 林肇宏，钟 梅. 酒店实习生感知价值与择业意愿关系研究 [J]. 海南大学学报（人文社会科学版），2015 (33).

[6] 薛美华. 基于旅游职业道德素质培养的酒店实习生管理研究 [J]. 商场现代化，2012 (685).

[7] 周淼泉. 校企合作视域下酒店实习生心理资本建设与开发路径 [J]. 高教学刊，2015 (6).

基于校企合作的酒店管理专业学生实习管理探究[①]

黄建伟[②]　田彩云[③]

【摘　要】实习作为酒店管理专业教学计划中重要的实践性教学环节，是实现专业培养目标、培养学生实践能力以及增强就业竞争力的重要途径。但依目前情况来看，酒店管理专业学生实习存在着实习积极性不高的现象，往往实习一段时间之后，就有学生以各种理由中断实习，造成酒店实习生的流失，直接影响了实习效果。本文将从学生、实习单位、学校三方面着手进行分析并提出相应措施，旨在为酒店管理专业学生的酒店实习管理工作提供有益借鉴。

【关键词】酒店；实习生；流失原因；对策

引　言

近年来随着我国旅游高等教育的快速发展，“校企合作、工学结合”的人才培养模式逐渐被越来越多的旅游院校所运用。然而，在旅游院校酒店管理专业的实践教学开展过程中“校企合作、工学结合”的人才培养模式仍然存在着一些问题。“校企合作、工学结合”的人才培养模式需要的不单是校企合作两方的无缝对接，在其实施过程中，高校“以学生为本”的教育理念应该更加得到重视，满足学生的心理和利益诉求尤为关键。顶岗实习作为“校企合作的”重要载体之一，是旅游院校酒店管理专业人才培养的重要环节，它有助于实现培养综合素

① 本文系北京联合大学2015年度校级教研项目：酒店管理本科专业“一体两翼三平台”人才培养模式的创新与实践（JJ2015Y030）的部分研究成果。

② 黄建伟，北京联合大学旅游学院酒店管理系，硕士，助理研究员。

③ 田彩云，北京联合大学旅游学院，博士，副教授，酒店管理系主任，专业负责人。

质突出的酒店管理人才目标。但不容忽视的是，学生在顶岗实习过程中因环境不适应、劳动强度大和工作时间长等原因导致的心理健康等问题使部分学生对实习没有兴趣，妨碍了顶岗实习的顺利进行，具体表现为酒店管理专业实习生员工的流失现象有增无减，实习稳定性较差，直接影响了实习效果，进而制约了校企合作的深入发展。

作为高校学生实习的管理者，应竭力找原因、想对策，制定行之有效的实习管理办法，加强学生的顶岗实习管理力度，努力提高实习的稳定性，使学生在顶岗实习的教学环节中能够学有所获。本文针对这些问题的现状及产生原因进行分析，并提出一些有针对性的解决措施，旨在提高实践教学质量和人才培养效果。

1. 国内相关研究综述

通过对中国期刊全文数据库中期刊的检索，我们发现针对旅游院校实习生管理的研究并不少见：俞超、盛强等（2014）就酒店管理专业顶岗实习中的问题展开研究，并提出相应的解决对策；也有部分作者对毕业实习的模式进行了探讨，如崔鸿涛等（2014）探讨了优化高校酒店管理专业学生实习模式的有效途径；谢保田（2013）则在人力资源管理方面对酒店实习生管理提出建议；徐莉（2014）研究了酒店实习过程中的道德风险；国内很多专家学者或培养此类人才的学校也进行了专门研究，但笔者经过搜索发现，真正针对旅游院校酒店管理专业实习学生的流失原因进行调查和分析的课题研究并不是很多，而随着酒店人才的“瓶颈”需求缺口的迅速增加，酒店对旅游院校培养的应用型、技能型人才愈加重视，而且迫切希望能吸收这些学生到酒店实习和就业。

2. 酒店实习生流失原因分析

2.1 学生方面的原因

2.1.1 部分学生对酒店工作没有兴趣

笔者承担酒店管理专业班主任教育工作多年，曾做过开学初报考志愿的调查在接受调查的学生中，将近半数的学生表示自己选择专业时并不了解酒店管理专业，而有些是受到父母朋友的劝说或是学校调剂的影响。所以这一部分学生进入酒店实习本身就是为了完成学校教学计划中的任务，保证拿满学分后能顺利毕业，获得大学本科文凭。加上青年大学生没有生活压力，喜欢接受新鲜事物和要求得到更多挑战性机会的特点，相比于年纪较大的正式员工，实习生很少会对工作地点产生留恋，忠诚度几乎为零，实习结束后很难再留下工作。

2.1.2 抗压能力差

实习生进入酒店开始工作后，其周围的环境，日常生活以及所处的角色发生突然改变，生理方面，现阶段高校学生大都为独生子女，家长缺乏对孩子吃苦能力的锻炼，实习生独立和吃苦能力较差，酒店高强度的工作无法和悠闲的家庭或校园生活相比，而酒店的考勤管理相比学校来说也更加严格。酒店管理者往往采用管理正式员工的严格的规则制度来约束管理实习生，工作时间长、工作强度大以及严格的请假，旷工处罚制度使得学生承受较大的身体压力。从心理方面来说，陌生的环境，和心理预期不符的工作内容以及学生到酒店员工角色的突然转变都会给实习生造成一定的心理压力。受到身心的双重压力，大多数实习生抗压能力却较差，无法使用正确方式面对，只能通过忍受或是逃避的办法，因而对于酒店工作的期待和满意度急剧下降，从而产生中断实习离开酒店的想法。

2.2 学校方面

2.2.1 实习培训较少且质量不高

在校期间主要进行专业课程的学习，课堂的学习比较理论化，实践环节不多，学校对学生实习前的培训不够具体和细致，对实习的具体工作和实习过程中的注意事项等教学都很粗略。

2.2.2 学校对于实习的指导和监控不够到位

在整个实习过程中，实习的成功与否不仅要靠实习生自身，也取决于带队老师。不同旅游院校对于实习指导也不同，但大多数院校的实习指导教师在进行实习指导的时候没能采取面对面的指导，而只是通过电话、网络等进行指导。此外酒店出于管理成本等方面的考虑，也不可能设有专门人员对实习生进行指导，导致指导老师指导不够到位。当学生在实习过程中发生问题的时候，没能及时解决，慢慢地也会影响到学生对酒店的忠诚度。

2.3 酒店方面

2.3.1 在实习岗位选择上没有太大自由度

学生一旦选定岗位，一般不会轻易被调岗，而实习岗位大多是技术含量不高的一线服务岗位，有的岗位工作时间不固定，经常加班加点，劳动强度大，实习生普遍感到很疲劳，直接影响学生对客人服务的质量。

2.3.2 实习生与酒店员工同工不同酬

实习生与酒店员工的工作量大致相同，而劳动报酬却明显低于酒店正式员工。实习期内，实习生的工资始终维持在一个水平，而酒店员工尽管学历层次并不高，但薪酬却高于实习生，并且实习生也很难享受到酒店其他方面的福利待遇。这一客观现实使学生觉得自己将来没前途、没发展，进而影响其将来从事酒店业的信心。而且酒店管理者对实习生缺乏人性化管理，有些酒店的领班和主管本身素质不高，管理方法简单粗暴，甚至使用讽刺、挖苦的语言，动辄就开罚单，重处罚，轻教育，酒店管理层也将实习生视为廉价劳动力，没有给予关注，使大部分的实习生在酒店感受不到领导层的关心，感受不到自我价值的存在。作为酒店的后备力量，实习生未受到应有的重视和栽培，离开酒店。

3. 防止酒店实习生流失的建议和对策

3.1 对实习生的建议

实习前要有吃苦的准备。进入实习阶段，实习生应做好吃苦的心理准备，不要想着一点苦都不吃，一点气也不受，这样的话干什么活儿心里都会觉得苦，觉得累。想一步到位进入管理层，在操作性见长的酒店业是不现实的，要明白酒店职业生涯的发展是以经验和资历为基础的，下定从基层做起的决心，脚踏实地做好本职工作，只有这样才能实现自己的目标。

3.2 学校方面

3.2.1 提高学校课程实用性

实训课程不但能提高学生的实际操作能力，而且能激发学生的积极性和学习热情，提高课程的实用性，注重理论与实践的结合，培养全面发展的高素质人才。学校在课程设计方面应注重实际操作的培养，完善教学硬件设施，增加实训课程的比重，给学生更多动手实践的机会。实践课程可以增加客房清扫、中西餐摆台、饮品的制作等。专业教师应加强学习，了解行业最新动态，及时传递给学生，避免枯燥的照本宣科，同时，应定期到酒店挂职锻炼，提高实践技能。

3.2.2 实习指导教师应加强实习生的心理辅导和跟踪

学生在实习过程中出现的种种问题，基本都是心理调节不到位所引起的。实习前老师应该召开动员大会，强调实习的真正意义，为学生即将进入社会做好心理辅导，帮助学生尽快适应不同的角色转换，消除学生对实习的恐惧和抵触心理。在实习初期，对学生要进行心理跟踪辅导，及时了解实习初期的心理动向，帮助实习生调节工作中的负面消极情绪，而不能将实习生扔给酒店，不管不问任其发展。实习生在实习期间必须接受学校和酒店的双重管理，这要求酒店必须与学校建立有效的沟通机制。酒店应将实习生的工作问题、生活问题和心理问题及时反映给学校，充分发挥学校的辅助管理机能。

3.3 酒店方面

3.3.1 **定期轮岗制度**

如果有条件，酒店可以按照实习生的表现和兴趣爱好等，对他们施行定期轮岗制度。实习生可以在不同的岗位上积累各种实际经验，并且通过轮岗发现自己喜爱的或是可以发挥自身才能的岗位，增加工作积极性，从而吸引他们留下来继续工作。

3.3.2 **健全酒店培训和管理机制**

加强对实习生培训，完善培训机制，提升员工素质。针对实习期较短，实习生操作能力差，酒店在培训方面应加大力度，争取在最短的时间内让实习生掌握岗位技能，尽快上岗。传统的老员工带新员工的不规范培训，不利于标准化的服务产品。酒店需要改进培训方案，采用标准化、集中式和高效率的培训。实习生作为一个特殊的群体，酒店应该格外重视。针对实习生，酒店应该制定一套实习管理机制，加强与实习生的沟通，使实习生更好的融入酒店。定期组织实习生进行谈话和聊天，给予精神上的关怀，可以增加实习生对酒店的认同感和归属感；采用不同形式的激励手段，激发实习生的创造力。

3.3.3 **制定合理的薪酬制度**

实习生在实习单位属双重身份，虽不是正式员工，但在实习单位仍然需要接受严格的管理并被安排大量的正式员工的工作任务，却只能获得基本的生活费。所以实习生在实习期间，情绪波动大，心态难以平衡。面对现实，酒店应根据实习生的特点，建立健全有利于实习生的薪酬制度，如制定合理的实习生薪酬标准和激励机制来充分调动实习生的积极性和自觉性。适当的提高薪酬待遇，另外，在物质鼓励的基础上，酒店可以给予实习生更多的精神奖励或者与学校奖项等挂钩，可以有效地调动实习生的积极性、提高创新能力、增强对酒店的认同度。这样酒店才能充分留住人才，真正将实习生转化为后备人力资源，为酒店创造更多经济效益。

4. 结束语

酒店实习已成为酒店管理专业实践教学计划中必不可少的环节，是学生提高实践能力的重要手段，也是用人单位检验学生能力的一种途径。旅游院校只有根据酒店管理专业的培养目标制定出科学合理的实习机制，提高学生在酒店实习的积极性，减少流失现象，才能提高实习管理工作的有效性，实现学校人才培养目标与企业用人需求之间的“零距离”对接，真正实现企业、学校、学生三方的共赢。

参考文献

[1] 余超，李顺．酒店管理专业本科生顶岗实习中的问题及对策研究［J］．经营管理者，2014（12）：297.

[2] 崔鸿涛．优化高校酒店管理专业学生实习模式的有效途径［J］．煤炭高等教育，2014（5）：105－107

[3] 谢保田．人力资源管理视角下的酒店实习生管理［J］．开封教育学院学报，2013（4）：171－172.

[4] 徐莉．酒店实习生管理中的道德风险研究［J］．经营管理者，2014（7）：265－266.

[5] 庞明丽．学生酒店实习流失原因与对策研究［J］．职教探索，2011（8）：168.

[6] 吴水田，陈平平，李佳莎．酒店管理专业实习中的校企合作模式研究———以广州地区为例［J］．高教论坛，2010（11）：30－31.

行动学习法对培养酒店管理专业教师实践教学能力的启示

章晓盛①

【摘　要】行动学习法为实践教学能力普遍低下的高校酒店管理专业教师提供了学习的新范式，学校、教师和酒店需要相互配合，以保障行动学习的持续有效实施，促进酒店管理专业教师实践教学能力的提升。

【关键词】行动学习法；酒店管理专业教师；实践教学能力

"供需错位"，使目前酒店管理专业的学生就业处于十分尴尬的境地，一方面是酒店亟需具有一定职业能力的酒店管理专业人才，另一方面是每年大批的酒店管理专业的毕业生在酒店行业的就业率却非常低，导致这种矛盾的原因是多方面的，不能一概而论。作为高等院校，需要深入挖掘在人才培养过程中存在的各方面问题，以酒店人才需求为导向，通过各种形式的实践教学，以培养学生的职业认同、提升学生的职业能力、提高学生的就业适应力，这其中教师的实践教学能力起着十分重要的作用。

1. 高校酒店管理专业教师实践教学能力的现状

作为一名合格的高校教师，需要具有自我学习能力、教育教学能力、行业的实践能力、可持续发展能力等多方面的能力，尤其是酒店管理专业是一门实践性很强的专业，该专业对教师的实践能力要求更为迫切，但目前高校酒店管理专业教师的实践能力普遍与他们的学习能力、教学能力不相匹配，其原因主要有：

---

① 章晓盛，北京联合大学旅游学院酒店管理系，讲师。

（1）从酒店管理专业教师的来源看，绝大部分是普通高等院校的毕业生，极少部分是从酒店实践岗位调入的。目前高校聘请酒店管理专业教师普遍要求至少具有硕士研究生以上学历，有些甚至要求具有博士研究生学历。国内具有培养酒店管理专业硕士研究生资格的院校不多，能够培养酒店管理专业博士研究生的院校更少，海外留学归来的学习酒店管理专业的毕业生在高校任教的也很少，使得高校酒店管理专业教师大多是从管理类的其他相关专业转来的；而从酒店实践岗位调任高校任教的人员大多受学历的限制，只有极少数酒店的高层管理者特聘成为高校酒店管理专业的专职教师。所以，总体来说，高校酒店管理专业的教师实践能力比较匮乏。

（2）从高校组织酒店管理专业教师进行实践能力培训来看，高校组织专业教师参加的培训以讲座的形式为主，偶尔能组织教师前往酒店参观。酒店管理专业的专家或酒店老总的讲座基本是课堂讲授的形式，脱离酒店情境，参训教师被动接受，不能转化成教师的实践知识与能力；酒店参观能在一定程度上让教师融入酒店管理经营情境，提升教师对酒店经营的认识，但参观有时是走马观花式的，没有让老师沉浸下来细致领会酒店各岗位的工作实质和工作中存在的实际问题，而且受酒店经营的限制，培训难于长期化、制度化。

（3）从酒店管理专业教师提升实践教学能力的动力来看，大多院校的年终考评、职称评定都对教师的课堂教学、科研成果有较为详细的规范，但对教师的企业实践却没有具体的要求，为完成学院每年的教学、科研任务，教师也大多选择担任课程教学、埋头撰写论文等工作，而忽略了自身实践能力的提升。

2. 行动学习法的引入

主观和客观多多方面的原因，使得高校酒店管理专业教师的实践能力的培养存在一定的问题，这势必会对酒店管理专业人才实践能力的培养产生重要的影响。为此，引入行动学习法，从酒店管理专业教师的实践教学需求出发，深刻分析行动学习法的实质，认真落实行动学习的全过程，以提升酒店管理专业教师的实践教学能力。

2.1 行动学习法的介绍

行动学习是瑞文斯（Revans，R）教授于 1971 年在其《发展高效管理者》一书中提出来的，他提出了 L = P + Q【L = Learning（学习），P = Programmed knowledge（程序性知识），Q = Questioning insights（反思性质疑）】的行动学习公式。1995年伊恩·麦吉尔和利兹·贝蒂（McGill & Beaty）合作出版了《行动学习法（第二版）》，该书拓展了行动学习的概念，指出行动学习是一个以完成预定工作为目的、在同事的支持下持续不断反思与学习的过程，其指向的目标是解决实际问题。自此，行动学习法的理念逐步得到关注，相关理论研究越来越深，研究结果得以推广。

2.2 行动学习法与传统学习法的区别

行动学习法从本质上来说就是一个在学习中发现问题、在行动中解决问题的循环往复、不断提升的过程，这一学习方法和传统的教师培训与学习的方法具有比较大的区别：

	传统学习法	行动学习法
主体地位	以传授者为中心，忽视学习者的主动性	以学习者为中心，注重学习者的主动性
学习内容	围绕学科、专业知识进行学习	突出问题研讨和解决学习中存在的问题
学习方法	先学后用	边学边用，注重将理论与实践相结合
学习过程	是单纯的学习过程	是“学习－问题－行动－再学习……”过程的螺旋上升
学习的组织与实施	与企业实践结合不紧密	与企业实践结合非常紧密
学习效果	理论知识掌握比较扎实，缺乏解决实际问题的能力	注重实际解决问题的能力

3. 行动学习法对培养高校酒店管理专业教师职业能力的体会

我们酒店管理系很多教师在酒店管理专业课程教学过程中深切感受到酒店实践能力的不足，迫切需要有机会提升自己的酒店实践教学能力，为此，北京联合大学旅游学院酒店管理系和首旅集团培训中心合作，共同组织了一系列的教师实践培训。通过这次的行动学习，受训教师的实践能力得到较大的提高，印象深刻，受益匪浅。

3.1 问题导入阶段——行动学习的前提

在这一阶段，系里所做的工作重点是调研专业教师在实践教学过程中遇到的问题、迫切需要解决的重点，然后将问题汇总，并与首旅集团培训中心进行沟通，设计培训内容、安排培训时间、邀请酒店老总、联系合作酒店，为培训的开展做好前期准备工作。

3.2 集中培训阶段—行动学习的基础

这一阶段不仅教师们之间针对教学过程中存在的问题和疑虑进行了研讨，而且邀请了北京酒店业界老总来和教师们讲座、座谈，老总们既将他们的实践经验和教师们进行了分享，又对教师们提出的各种疑问进行了耐心解答。

3.3 学习行动阶段—行动学习的关键

在这一阶段，应教师们的要求，首旅集团培训中心精心为教师们选取了各类型有代表性的酒店及酒店管理公司，如：高端酒店长富宫饭店、会议型酒店北京国际饭店、精品酒店谭阁美、雅高诺福特和平宾馆、颐和安曼酒店以及建国和京伦酒店管理公司等，教师们不仅深入到酒店各营业部门的日常管理中，直观认识各部门营业中存在的问题，了解酒店日常事务的处理流程与管理技巧，更旁听酒店的管理晨会，深入了解酒店高层管理者的管理决策，还与酒店及酒店管理公司总经理们进行深入的交流，总经理们以自己丰富的实践经验帮助教师们答疑解惑。

3.4 成果固化阶段—行动学习的升华

这一阶段教师们对此次培训的收获和体会进行了交流和反思，尤其是相关课程的专业教师有针对性地进行专业研讨，将行动学习过程中获得的知识和经验内化成教师的实践能力，用于解决教学实践问题，从而使教师的实践能力得到很好地培养，并为教师新一轮的学习行动累积更为深刻的问题。

4. 酒店管理专业教师持续实施行动学习的难点与突破

酒店管理专业教师积极、认真地实施行动学习，能有效地提升了他们的实践能力，提高了他们的实践教学质量，从而促进教师酒店管理实践教学能力的全面发展。但行动学习应该是持续、有效地实施，不能一蹴而就，这就要求学校、教师、酒店等多方面一起动手，全面合作，努力突破行动学习中的难点，将行动学习持续进行下去。

（1）充足的时间保证：实施行动学习，教师需要花大量的时间深入到内部内部各岗位进行调研、交流，甚至是顶岗实习、挂职锻炼，以促进教师在学习、问题、行动的循环上升的过程中不断积累酒店实践经验，提升他们的酒店实践能力。为此，学校的各级领导要对教师的行动学习给予高度的重视，在时间上给予他们更大的灵活性，以保证教师有足够的时间进行问题思考、问题研讨、积累经验、交流与反思。

（2）教师的学习积极性提升：教师的学习积极性是实施行动学习的核心。在行动学习过程中，教师个人不仅需要迫切了解酒店对学生实践能力的需求，认真收集酒店实践教学中存在的问题、积极参与研讨、踏实进行调研、深刻进行反思，在不断的学习和反思的基础上付诸实践教学；而且学校对教师的行动学习需要给予充分的肯定与支持，在教师考评、职称评定等方面给予认可和要求，以激发教师个人的主观能动性。

（3）酒店的通力配合：实施行动学习，需要酒店通力配合，参与计划安排、落实教师研讨、提供教师行动学习场所、解答教师疑虑等。为此，需要学校和酒店之间建立长期、稳定地合作关系，如以建立实践教学基地或其他形式进行深入合作，从而得到酒店的大力支持和配合。因为首旅集团是北京联合大学旅游学院的国家级实训基地，在教师培训方面给予了大力的支持与配合，使得此次行动学习得以充分的落实。在今后教师的实践能力提升方面首旅集团还将继续与学院、酒店系进行持续有效地合作，以更大程度地满足教师提升实践教学能力的需求。

（4）有效的组织实施：行动学习是一个事先积累问题、事中行动学习、事后反馈提升的系列过程，在这一螺旋上升的过程中需要行动学习的组织者们反复进行协商，参与到行动学习的全过程：设计培训内容、安排培训时间、邀请酒店老总、联系合作酒店、组织讲座座谈、参与酒店实践、进行总结反馈，以确保行动学习的落实，保障学习效果。

行动学习的贯彻实施，需要学校、教师和酒店多方面相互配合，以切实促进酒店管理专业教师提升实践教学能力、提高实践教学质量，更需要学校、教师和酒店多方面在今后的合作中不断总结经验，以保障酒店管理专业教师持续实施行动学习、不断提升实践教学能力。

Enlightenment about the training of teachers´practical teaching ability in hotel management by action learning

Zhang Xiaosheng

[Abstract] The action learning method provides a new paradigm for the hotel management professional teachers whose practical teaching ability is generally low. The school, teachers and hotels need to cooperate with each other, to ensure the continuous and effective implementation of the action learning, and promote the management of the hotel management professional teachers' practical teaching ability.

[Key words] Action learning, the hotel management professional teachers, practical teaching ability

参考文献

[1] 詹春青等. 行动学习：教师学习的新范式 [J]. 学术瞭望，2014 (12)：15-19.

[2] 彭朝辉等. 基于行动学习的高职学校教师职业能力培养探讨 [J]. 轻工科技，2012 (8) 144-145.

面向酒店管理专业的计算机基础教学模式探讨

安　颖[①]

【摘　要】随着信息化的发展，计算机在酒店管理中的应用越来越广泛。酒店管理专业毕业的学生必须熟练地运用计算机才能够适应酒店工作的需要。在计算机教学中，《大学计算机基础》课程是酒店管理专业学生的基本功，而《数据库应用基础》课程是学生熟悉掌握酒店管理软件的基础。因此从事计算机基础教学的教师要从市场、学生、教师三方面出发，根据人才市场的需要，合理安排教学内容；针对学生特点，提高他们的计算机应用能力；加强师资队伍建设，不断提高教师的教学水平。

【关键词】酒店管理；计算机基础课程；教学模式

随着计算机技术的广泛应用，现在各行各业都需要使用计算机。对于酒店管理专业而言，计算机基础教学主要是大学计算机基础和数据库应用基础这两门课程。《大学计算机基础》课程是酒店管理专业学生的基本功，而《数据库应用基础》课程是学生掌握酒店管理软件的基础。那么对于酒店管理专业的计算机基础教育而言，应如何针对市场需求，培养出符合社会需要的人才，是我们每一位从事此项工作的教师所面临的课题。通过几年来自己的教学实践以及与同行们的交流，我感到要提高酒店管理专业计算机基础教学的质量应该从三个方面去研究。一是市场，二是学生，三是教师。

① 北京联合大学旅游学院通识教育中心。

1. 了解酒店管理专业市场需求，明确培养目标，合理安排教学内容

学生最终要面向市场，面向就业，面向激烈的人才竞争。所以对于教学来说必须了解社会的需求。大部分酒店管理专业的学生毕业后要直接走向酒店、旅行社等工作岗位，所以教学内容应该贴近实际，让学生能够应用所学知识，很快地适应自己的工作。根据我们对多家酒店、旅行社的调研了解以及毕业生的反馈，我们了解到学生步入工作岗位后首先需要很快地掌握办公软件及设备的使用，其次需要掌握本酒店或旅行社的管理软件的使用。因此我们的计算机教学要结合实际应用，要尽量使学生学到实用的知识。如：在计算机基础课程教学中增加办公设备的使用，让学生熟练掌握打印机、复印机、投影仪、数码照相机等常用办公设备的使用。另外，要处理好理论与实践的关系。计算机对于我们的学生而言不是一个专业，而是一种应用技能。所以计算机基础教育要提倡“精讲多练”，突出基本知识的掌握，着重应用能力的培养。例如原来在计算机基础知识的教学中，常常是按部就班地从发展史讲起，然后硬件、软件组成等。学生不知道这些知识用在什么地方，往往听课时思想不容易集中。所以，我们教师应该转换教学思路，将这些知识融入应用中，让学生学有所用。在教学上对教学内容进行调整和整合，我们可以先介绍大家最熟悉的 Windows 操作系统的使用，在复制移动文件时，肯定要涉及到驱动器，那时再介绍一些硬盘、U 盘、光盘的知识；当运行一个程序速度较慢时，就可以向学生介绍一下影响计算机性能的诸多因素，如 CPU、总线、内存等等。我想如果把计算机的基础知识融入到一些实际操作中去讲解，学生可能更容易接受。因为目前分配给计算机课程的学时数有限，所以我们必须从实际出发，以应用为目的，按照学生易于接受的思维模式去安排教学内容。

再有，计算机基础教学要结合酒店管理专业的特点优化教学内容，使学生学到真正实用的知识。例如，在数据库应用课程中，我们可以结合酒店管理专业的特点，列举出实用的案例进行教学。如，火车、飞机的订票系统、旅游目的地管理系统、酒店预定系统等。通过这些案例的讲解和练习增加了学生对本课程重要性的认识，在学习计算机知识的同时也对自己未来的工作流程有了一个初步的了解。这样有的放矢地去学习，学生的积极性提高了，这也为以后的学习和工作打

下了一个良好的基础。

所以在计算机教学内容的安排上要考虑未来人才市场对于本专业的需求，因为学校教育并不是单纯地为了办学科，更重要的是为社会服务。我们在设置计算机课程和教学内容时，要充分考虑学生将来工作的需要，做到有的放矢，使我们培养出来的学生能够很快地适应自己的工作岗位，让计算机真正成为学生未来工作中的得力助手。

2. 研究酒店管理专业学生特点，注重提高学生的应用能力

计算机基础教学要强调学生的主体化，注重培养学生利用计算机处理数据、获取信息的能力。因此在教学上要加强上机环节的指导，真正提高学生的动手能力。

本院酒店管理是文理兼收的专业，文科学生的特点是逻辑思维能力偏弱，动手能力较差。因此，在教学内容的安排上要符合学生的思维特点，采用任务驱动教学方法，由浅入深，由易到难。例如在数据库应用课程中，需要开发一个完整的数据库应用系统。那么按照开发的步骤，将任务分解，由小到大，循序渐进地不断对学生提出更多的要求。因为数据库的基础是数据，所以最重要的操作就是建表和数据维护；有了数据后，就要从中查找出所需数据，从而引出数据库的查询操作；而对于数据的打印输出就要涉及报表操作；为了方便用户维护数据就要学会窗体操作……通过这一过程让学生逐步建立起一个完整的数据库设计的框架，使学生全面了解一个具体的数据库应用系统的开发方法。采用这种循序渐进的任务驱动教学模式，增强了学生的逻辑思维能力。

此外，针对文科酒店管理学生的特点，计算机教师在课堂上要遵循“精讲多练”的原则，逐步提高文科学生的动手能力。在课堂上教师应该首先提出目标，为学生探索问题提供一个方向和空间，激发学生的求知欲。在布置上机练习时，教师应该首先做好一份示范样张，提示学生运用了哪些知识并提出具体要求，让学生独立完成。当学生遇到问题时，可以让他们相互讨论，交换最快最好的方法，老师再加以引导。通过这种方式学生的独立思考能力、自学能力、动手能力都在上机练习中得到了锻炼。这样对于他们今后独立解决工作中遇到的问题大有帮助。例如在学习 Word 办公软件的图形处理操作时，我让同学们设计一份酒店点菜用的菜单，其中酒店的 Logo 设计是在一个圆形中嵌入一张图片，四周环绕一圈漂亮的艺术字。面对操作过程中出现的问题，学生们互相帮助。如果仍然找

不到答案就会请教老师，这时教师便可以在这种浓厚的学习氛围中讲解图形对象的修饰以及艺术字形状设置等问题。学生为了解决自己作业中的问题，就会很认真地听老师讲解。这样学生们在课堂上发现问题、研究问题、解决问题，真正达到了以教师为指导，学生为主体的教学活动的要求，提高了他们的动手能力。

为了提高学生的应用能力，在教学中，我们除了每堂课的上机练习之外，还要求学生课下能结合自己的专业完成一个 Office 文档或数据库系统的设计。这是一个综合性作业，它可以分解成若干个小模块，随着学习进程分步骤完成。在第一次上课时，首先演示往届学生做出的优秀作品并告诉学生，他们经过一学期的学习，最终也能设计出相应的文档或系统，树立他们的自信心。同时，提示学生上课时要思考教师所讲的教学内容与自己要设计的作品有哪些关联。这样带着问题去听课，学生的学习主动性就提高了。期末老师可以挑选出几个优秀作品进行展示，先由学生说明设计过程，然后让大家一起来评论其优缺点并提出改进措施，最后由教师做总结，着重阐明作品的可学习和借鉴之处，并指出需要完善的地方。经过几年的教学实践，学生的设计水平不断提高，作品涉及到本专业的各个领域，如：酒店客房管理系统、餐厅点菜系统、景点风光浏览等等，在校级举办的 Office 办公软件大赛和数据库设计大赛中，我校酒店管理专业的学生都取得了良好的成绩。通过这样的综合作业设计，使学生运用计算机的综合素质得到了全面的提升。

所以，针对酒店管理专业重应用的特点，我们在计算机基础教育中应该由浅入深、精讲多练，不断提高学生的计算机综合应用能力，为他们将来能够更好地适应酒店管理工作打下一个扎实的基础。

3. 加强师资队伍建设，提高酒店管理专业计算机基础教学质量

教学的质量主要取决于教师的教学水平。因为计算机知识更新之快差不多把计算机教师和学生放在了同一条起跑线上。时代对计算机教师提出了相当高的要求。每个计算机教师都要面对十倍速更新的计算机知识，常常面临知识老化的危机，需要花费大量的精力去再学习。不然的话知识很快就会落伍，不能适应教学的需要。而且面对酒店管理专业的学生，计算机老师还要掌握一些酒店、旅行社的相关知识和业务流程，所以计算机教师们面临的学习、工作和生活压力是很大

的。对于学校而言，应该从教师的切身利益出发，关心教师的工作、生活及个人发展。如：提高教师待遇、积极鼓励教师进修提高、参加各种教学经验交流会和学术研讨会，帮助他们不断提高业务知识水平。对于计算机教师来说，为了紧密联系实际，使自己的教学不与实际脱节，还应多参与酒店管理专业项目的开发活动，多与酒店、旅行社等用人单位沟通，了解他们的需求。并将这些实践经验最终运用在自己的教学活动中。

总之，酒店管理专业计算机基础教学应定位在注重学生实际应用能力的培养上，要解决好市场、学生和教师三方面的问题，努力在实践中走出一条适应酒店管理专业的教学之路。

参考文献

[1] 石利平. 基于职业能力的高职计算机基础课程建设 [J]. 职教通讯，2012（33）.
[2] 雷华. 关于提高高职计算机文化基础课程教学质量的思考 [J]. 科技信息，2009（27）.
[3] 张玲. 酒店管理专业人才供需的问题及对策 [J]. 大连教育学院学报，2007（54）.
[4] 谭浩强. 研究计算思维，坚持面向应用 [J]. 计算机教育，2012（21）.
[5] 李凤霞. 大学计算机基础教育的发展与思考 [J]. 计算机教育，2011（7）.

浅谈高职学生在顶岗实习中的思想政治教育工作

——以酒店管理专业学生为例

姜妍岑[①]

【摘　要】 顶岗实习是高校普遍采用的一种实践教学模式，是实践教学体系中不可或缺的重要环节，而做好顶岗实习学生的思想政治教育工作则是保障顶岗实习效率和质量的重要手段。本文以高职酒店管理专业学生为例，依据其在顶岗实习中存在的思想特点和表现，分析了该专业高职学生顶岗实习思想政治教育工作面临的诸多挑战，并针对这些挑战提出了加强该专业高职学生顶岗实习思想政治教育工作的有效途径。

【关键词】 顶岗实习；思想政治教育；酒店管理专业

顶岗实习是高职酒店管理专业人才培养过程中的重要环节，一般是学生在校内完成两年的基础理论和专业操作技能课程之后，第三年到与学校有合作关系的酒店带薪实习3-6个月。在顶岗实习阶段，学生从校园走入社会，由单一的学生身份转变成为学生和酒店员工的双重身份。环境和角色的转变使得实习学生承受着前所未有的压力和困惑，因此产生了一些思想和心理问题，严重影响了顶岗实习的效率和质量。因此，我们必须重视这一阶段学生的思想政治教育工作，深入研究，探寻出一条行之有效的工作途径。

---

① 姜妍岑，北京联合大学旅游学院酒店管理专业辅导员，助教，硕士研究生。

1. 顶岗实习学生思想政治教育工作遇到的挑战

1.1 顶岗实习学生思想定位模糊，难以完成角色的转换

在顶岗实习阶段，学生既是学校教育教学管理的对象，同时又是酒店运营管理的对象，具有了双重的身份。由于身份、环境等诸多因素发生了变化，不少学生在顶岗实习中不能很好的进行思想定位，出现了思想定位模糊或错误的问题。一方面，学生对酒店工作的期望值较高，希望能够进入管理岗位工作，而现实中酒店要求员工必须从基层服务员做起，巨大的心理落差使得学生认为服务员工作只是简单重复性劳动，实习岗位层次过低，不符合大学生形象，无法体现个人价值。另一方面，学生到酒店顶岗实习后，脱离了熟悉已久的教育教学环境和生活方式，大多仍怀有浓厚的校园生活情结，相当一部分学生对新环境、新工作、新角色适应性较差[1]，对酒店的管理方式、劳动强度和劳动时间一时承受不了，从而引起情绪的波动，难以完成角色的转换。

1.2 顶岗实习中思想政治教育内容针对性不强

酒店管理专业学生在学校期间接受的思想政治教育主要是围绕政治教育、心理健康教育、道德教育、社会主义核心价值体系等方面展开的，侧重于学生政治素养和道德水平的提升。而对在酒店顶岗实习学生的思想政治教育不仅要包含上述教育内容，还要按照合格“酒店人”的要求有针对性地培养学生的职业素质和职业韧性，使其形成良好的职业品格和职业习惯，把爱岗敬业、吃苦耐劳、为人服务的工作作风和团队协作精神纳入思想政治教育工作之中。另外，由于学校缺乏对顶岗实习学生的针对性教育，很多酒店还要花费大量的人力、物力对参加顶岗实习学生进行岗前培训，浪费了大量的精力，这也在一定程度上挫伤了酒店接纳顶岗实习学生的积极性。

1.3 对顶岗实习学生的思想政治教育工作重视程度不够，有效的思想政治教育工作机制尚未建立

顶岗实习学生思想政治教育是一个系统工程，它不是简单地靠单一的力量就能完成的，而是需要各方面（学校、教师、企业和学生）给予足够的重视和合力才能达到预期的效果。[2]但在现实工作中，由于学校、教师和企业对顶岗实习学生思想政治教育重要性的认识不够深人，认为这项工作可有可无，无关紧要。学校对高职学生重技能培养、轻思想教育，很少会把学生思想政治教育的内容和要求纳入实习教学计划和管理体系中。许多酒店对学生思想政治教育的配合力度

不够，认为对学生进行思想政治教育是学校自己的事。很多学校和酒店尚未合作建立有效的顶岗实习学生思想政治教育工作机制，学生党团组织的作用没有得到充分地发挥，甚至有些学生无法参加正常的党团活动。

另外，由于实习学生分散于不同酒店，一方面开展思想政治教育的地点分散、时间交错；另一方面，不同酒店的企业文化和工作制度也存在差异，这对原有的思想政治教育管理模式造成了一定的冲击，如不能构建合理有效的新机制，很容易产生高职学生思想政治教育的真空。[3]

2. 加强顶岗实习学生思想政治教育工作的有效途径

2.1 重视顶岗实习前的思想政治教育工作，引导学生明确实习目标

学校对顶岗实习学生的思想政治教育有必要做在顶岗实习正式开始之前。顶岗实习前学生的心态是复杂的：一方面对顶岗实习生活有着种种美好的憧憬与向往，另一方面又对即将从事的职业的岗位要求、岗位职责不甚了解。[4]很多学生在顶岗实习之前往往只看到在高档酒店工作光鲜亮丽的一面，希望一入酒店就能进入管理岗位，对未来的工作有着不现实的期待。带着这种不现实的期待走入实习岗位，学生必然会因为现实与理想之间存在巨大的落差而产生消极情绪，甚至出现思想和心理问题，严重影响到实习工作。因此，学校首先要加强对学生的就业指导，让学生对本专业的培养目标、培养规格、就业方向等方面有正确的理解，对酒店行业有客观、全面的了解。有必要让学生明白初到酒店工作必须从最基础、最基层的岗位——服务员做起，工作辛苦单调且有各种严格的制度约束，让学生放低心理预期，帮助他们以理智、现实、平和的心态走向实习岗位。其次，应做好对顶岗实习的认知教育。通过各种讲座、主题班会、交流会等形式组织动员，做好顶岗实习学生的思想政治教育工作，让学生明确顶岗实习的目的，给自己一个正确的定位。只有使学生认清顶岗实习的目的和重要意义，学生才能调适好自己的心态，热爱自己即将从事的岗位。最后，学校和实习酒店双方应联合组织岗前培训，帮助学生初步了解实习酒店的概况和岗位要求，以便学生做好走进实习岗位的思想和心理准备。

2.2 构建完善的思想政治教育工作机制

2.2.1 建立基于校企合作的双导师制

在学生的顶岗实习阶段，酒店和学校一样，肩负为实习学生进行思想政治教育的工作责任。因此，学校和酒店应在校企合作的基础上共同制定思想政治教育

方案和办法，特别是应尽快施行双导师制。双导师制就是给顶岗实习学生安排学校导师和企业导师，学校导师由学校选派适合的老师担任，该老师应既具有丰富的专业知识，同时还具有丰富的思想政治教育经验。学校导师一定要深入到学生顶岗实习的一线，及时了解学生的思想动态，帮助学生排解思想问题和心理问题，有针对性地开展思想政治教育工作。企业导师则是由企业选派其内部思想品德端正、业务熟练的技术骨干担任，对于酒店来讲可以选派品质优秀、经验丰富的长期从事一线服务工作的老员工担任实习学生的企业导师。通过企业导师的言传身教，学生可以在职业技能不断得到提升的过程中逐步养成良好的职业习惯，培养良好的职业道德。学校导师和企业导师应定期沟通，及时处理学生在实习过程中出现的各种问题。

2.2.2 引导学生学会自我教育和自我管理

顶岗实习阶段，学生远离学校、远离老师，而且分散于不同的地点，这为学校对顶岗实习学生进行思想政治教育工作提出了难题。学校应结合实际情况，充分发挥学生党员和学生干部的带头作用，发挥各种学生组织的凝聚力，正确引导学生党团组织开展各项活动。如可在有条件的酒店成立临时党支部，没有条件的酒店成立团支部，由学生党团干部负责开展党团生活会，组织思想政治教育活动，既有助于提高学生工作和学习的积极性，又有助于实现学生在顶岗实习阶段的自我教育和自我管理。

2.3 丰富顶岗实习学生思想政治教育的内容

2.3.1 加强职业道德教育

对在酒店顶岗实习的学生不仅要继续进行道德教育、政治教育、心理健康教育等常规方面的思想政治教育，还应根据酒店管理专业的培养目标和顶岗实习特点来丰富和强化思想政治教育的内容，尤其要帮助学生树立吃苦耐劳，甘于奉献的劳动观，遵规守纪、严格自律的纪律观，爱岗敬业、诚实守信的职业观，特别还需要重视顶岗实习学生人际交往能力和团队协作能力的培养。

2.3.2 发挥企业文化资源的思想政治教育作用

企业文化作为思想政治教育资源在顶岗实习学生思想政治教育上常能起到积极作用。将校园文化和酒店的企业文化全方位、全过程地融合，是顶岗实习学生思想政治教育工作的重要内容和有效载体，能更好地解决学生在顶岗实习期间产生的各种思想问题，有利于高校思想政治教育工作的创新。校企文化的融合可以增强学生对酒店企业文化的认同感，约束并规范学生的思想与行为，提高学生的适应能力，帮助学生顺利完成由学生到准“酒店人”的角色转变，适应一线服务人员的工作岗位，最终实现“零距离”就业的要求。

总之，顶岗实习学生的思想政治教育是目前大学生思想政治教育工作的难点，我们要在实践中不断完善并创新加强高职酒店管理专业学生顶岗实习中思想政治教育工作的有效途径，为我国的酒店行业培养出素质高、技能好的合格专业人才。

参考文献

[1] 卢志米. 顶岗实习中增强高职学生思想政治教育的对策，学校党建与思想教育 [J]. 2012 (8)：49－50.

[2] 邹开明. 顶岗实习阶段大学生思想政治教育的现实困境及对策，黑龙江高教研究 [J]. 2013 (8)：126－128.

[3] 韩颖. 高职顶岗实习学生思想政治教育探析 [J]. 思想政治工作研究，2011 (5)：116－118.

[4] 杨建，邓满，罗炜. 重视高职顶岗实习学生的思想政治教育工作 [J]. 重庆电子工程职业学院学报，2010 (7)：56－58.